KB154828

한국경제TV

시장을 읽는
부동산 투자

한국경제TV

시장을 읽는 부동산 투자

아무도 알려주지 않는 부동산 시장의 비밀

한국경제TV 부동산부 엮음

베가북스
VegaBooks

추천사

《한국경제TV 시장을 읽는 부동산 투자》는 부동산 전문가(한국경제TV 출연진)들이 집필진으로 참여해 다양한 정보와 투자 전략을 제공하고 있다. 부동산 시장의 과거, 현재, 미래를 한 권의 책으로 알 수 있다는 점이 이 책의 최대 장점이다.

박원갑 (KB국민은행 부동산 수석전문위원)

초불확실성 실물경제와 부동산 생태계가 급변하는 예측불허 부동산 시장을 어떻게 대응하고 해결할 것인가가 초미의 관심사이다. 이 책은 현업에서 발로 뛰면서 내공을 쌓은 현장 전문가들이 터득한 노하우를 한눈에 읽기 쉽게 일목요연 정리했다. 부동산의 A~Z, 주택에서 꼬마 빌딩까지, 부동산 지식과 정보를 총망라한 역작으로 투자자를 위한 나침반이자 지침서로 손색이 없다.

고종완 (한국자산관리연구원장)

부동산 시장과 부동산 정책의 분석을 통하여 독자들에게 부동산 투자의 방향과 해법을 제시하고 있다. 이 책은 부동산 초보자, 부동산업계 종사자와 전문가에 이르기까지 반드시 읽어야 할 필독서이다.

서진형 (대한부동산학회장 / 경인여대 경영학과 교수)

코로나19 사태가 글로벌 경제를 흔들고 있다. 이후의 자산 투자도 달라질 전망이다. 핵심자산인 부동산 투자 전략도 기본부터 다시 살펴야 할 때다. 《한국경제TV 시장을 읽는 부동산 투자》는 필승 투자 전략부터 정부 정책과 절세비법까지 알기 쉽게 담았다. 부동산 투자의 기본, 이 한 권으로 끝낸다.

김규정 (NH투자증권 부동산연구위원)

부동산 투자는 정보다. 또한, 부동산 투자는 미래가치에 대한 현재가치로 투자한다. 그리고 부동산 투자는 타이밍이다. 《한국경제TV 시장을 읽는 부동산 투자》는 한국경제TV에 출연했던 시장 전문가들의 이야기를 책으로 엮은 실무서로써 분야별로 상세히 투자 방법을 소개하고 있어 시장참여자들에게는 매우 유익한 책이 될 것이다.

권대중 (명지대학교 부동산학과 교수 / (사)대한부동산학회 이사장)

어떤 형식이든, 어떤 규모든, 부동산 투자는 재테크의 선택이 아니라 필수로 자리매김했다. 《한국경제TV 시장을 읽는 부동산 투자》는 시장과 정책 사이에서 흔들리고 있는 투자자들을 위한 맞춤형 지침서가 될 것이다. 앞으로 부동산 시장은 어떻게 움직일까? 내로라하는 부동산 전문가들의 투자 비법과 인사이트가 자상하고 명쾌하게 펼쳐진다. 부동산 투자자들이 흡족한 수익을 올리기 위한 최고의 무기가 될 것이다.

권영찬 (KBS 개그맨 / 상담심리학 박사)

프롤로그

2020년 전 세계는 코로나19 사태로 인해 공포에 떨고 있습니다. 코로나19 감염자와 사망자가 기하급수적으로 늘어났고, 확산세가 좀처럼 줄어들지 않고 있습니다. 세계 증시와 국제 유가가 동시에 폭락했고, 지구촌 곳곳에서 경제 불안이 심화하고 있습니다.

우리나라 또한 예외일 수 없습니다. 코로나19는 실물경제에 직격탄을 날렸고, 기업들의 경영 위기를 심화시키고 있습니다. 여기에 주가 하락과 환율급등이 이어지면서 금융시장뿐만 아니라 부동산 시장에까지 직간접적으로 타격을 주고 있습니다. 특히 부동산 수요심리가 위축돼 심각한 거래 부진 상태에 빠져 있습니다.

코로나19 사태에 따른 부동산 시장 침체를 우려하는 목소리가 커지고 있는 가운데 제로금리 시대에 풍부한 시중 유동성이 다시 부동산 시장에 유입될 것이라는 기대감도 적지 않습니다. 과거 외환위기 이후 규제 완화 정책에 힘입어 부동산 가격급등을 경험한 바 있습니다. 따라서 부동산 낙관론과 비관론이 혼재한 상황에서 냉정하게 현재를 진단하고 담담하게 미래를 조망할 필요가 있습니다.

한국경제TV 부동산부는 국내외 각종 변수로 인해 한 치 앞을 내다보기 어려운 부동산 시장을 제대로 파악하기 위해《한국경제TV 시장을 읽는 부동산 투자》를 발간하기로 했습니다. 한국경제TV 부동산 전문가들이 필진으로 참여해 부동산 시장의 오늘과 내일을 두루 살폈습니다. 상세한 정책 소개와 분야별 투자 전략, 절세 방법까지 이 책에 모두 담았습니다.

먼저, 바쁜 일정에도 불구하고 필진으로 참여해주신 전문가들에게 감사합니다. 이 책이 나올 수 있게 물심양면 지원해주신 한국경제TV 이봉구 대표이사와 강기수 보도본부장, 그리고 부동산부 전원에게도 감사 인사를 전합니다. 무엇보다 출판사 관계자 여러분에게 수고하셨다는 말씀을 올립니다. 부디《한국경제TV 시장을 읽는 부동산 투자》를 통해 시장 참여자 모두가 성공하기를 기원합니다.

감사합니다.

2020년 4월

한국경제TV 부동산부장 **권영훈**

Contents

PART 1. 부동산 투자학개론

CHAPTER 1. 부동산 투자 시작하기

CHAPTER 2. 부동산 투자 필승 전략

PART 2. 시장과 정부의 줄다리기

PART 3. 아파트 살까, 빌딩 살까?

부록. 주요 학군 지역 시세표

일러두기

- 이 책에 사용한 지도는 네이버 지도에서 제공하였습니다.
- 이 책에 실린 시세는 KB부동산 시세를 따랐습니다.
  (「부록」- 주요 학군 지역 시세표 - 는 2020년 4월 지표를 기준으로 하였습니다)
- 그 외 자료는 별도로 출처를 표기했습니다.
- 이 책에 실린 거래가격은 등기부 등본에 나와 있는 실거래가를 기준으로 하였습니다.
- 이 책에 실린 각종 법령은 특별한 설명이 없는 경우, 2020년 3월을 기준으로 하였습니다.
  사업 전에 관계 부처에 확인할 것을 당부드립니다.

PART

1 부동산
투자학개론

저자 소개

한정훈 미래가치투자연구소 대표(소장)

경력 및 전문분야

- 21세기경제학연구소 자문위원
- 한국경제신문 부동산 칼럼니스트
- 한국경제TV '한정훈의 부동산 카페' 진행
- 한국경제TV, KBS '오늘아침', OBS 등 각종 방송 출연
- 대학, 공기업, 대기업 등 다수 강연

- 저서
  《응답하라 위기의 부동산》 (2016년)

- 부동산 음반 '사자송' 발매
- 유튜브 '한정훈의 부동산 부자공식' 운영

CHAPTER 1
부동산 투자 시작하기

재테크, 왜 해야 하나?

　사업을 하든 월급을 받든 재테크가 중요하다는 말을 자주 듣게 된다. 재테크가 필요한 이유는 뭘까? 돈을 더 벌어서 배부르고 등 따시게 살기 위해서? 안정된 노후를 위해서? 저마다 여러 가지 이유가 있겠지만, 가장 중요한 이유는 내 재산을 지킴과 동시에 불리기 위함이다.

재테크는 돈의 가치하락을 방어하기 위한 수단이 된다

　재테크란 가진 돈을 영리하게 활용해서 내 자산을 불리는 일이다. 그럼 도대체 돈을 어떻게 하자는 얘기일까? 해답은 실물자산에 있다. 금, 부동산, 골동품 등 그 가치가 웬만해선 화폐만큼 떨어지지 않는 실물자산에 투자해야 한다.

재테크에는 '2대 바보'가 있다. 첫 번째 바보는 자산을 현금으로 가지고 있는 사람이다. 금고에 부지런히 현금을 모아둔다 한들 그 현금의 가치가 떨어지고 있다는 것을 깨닫지 못하기 때문이다. 두 번째 바보는 전세로 거주하고 있는 사람들이다. 물론 자금이 없어서 어쩔 수 없이 전세로 거주하는 사람은 제외하고 충분한 자금이 있는데도 불구하고 굳이 전세로 거주하는 사람을 말한다. 전셋값은 1980년대부터 국민은행에서 집계하였는데 지금까지 꾸준히 오르고 있다. 일시적인 하락은 있어도 전체적으로 우상향 그래프를 그리고 있다.

◆ 아파트 전세가격지수

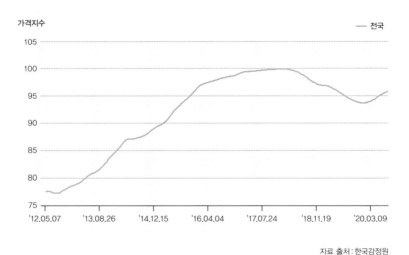

자료 출처 : 한국감정원

"투자가치는 제쳐두고라도 전세로 사는 집이 아닌, 내가 소유한 집한 채는 일단 필수다. 내 집 한 채부터 확보한 다음에 내 재산을 불리는 재테크를 해야 한다."

◆ 현금 1억 원 보유 시 가치 변화

물가상승률 2%일 때		물가상승률 3%일 때	
1년 후	9,800만 원	1년 후	9,710만 원
5년 후	9,060만 원	5년 후	8,630만 원
10년 후	8,200만 원	10년 후	7,440만 원
20년 후	6,730만 원	20년 후	5,540만 원

위 표를 통해 현금의 가치가 떨어지는 구체적인 예를 알아보자. 물가가 1년 동안 2% 상승할 때, 현금 1억 원의 가치는 200만 원 줄어든다. 금고에 1억 원을 가만히 두었는데 줄어드는 셈이다. 다만 표면적인 금액이 줄어들지 않았기 때문에 둔감할 수밖에 없다. 이런 식으로 5년이 지나면 현금 1억 원의 가치는 약 1,000만 원 줄어든다. 물가 상승률을 3%로 가정하고 20년이 지나면 현금 1억 원의 가치는 절반 수준으로 줄어든다. 내 재산에 관심이 있는 사람이라면 물가 상승률에 민감해야 하고, 돈의 가치가 떨어지고 있다는 사실을 인지해야 한다.

물가는 계속 올라가고 돈의 가치는 점점 떨어진다

물가는 오르면서 돈의 가치가 떨어지는 현상을 '인플레이션'이라고 말한다. 우리나라는 이 인플레이션 현상이 심각한 수준이다. 전 세계 경제가 대체로 인플레이션을 경험하지만, 인플레이션의 반대 개념인 '디플레이션'을 겪는 나라도 있다. 디플레이션이란 경기가 침체하여 물가상승률이 마이너스가 되는 현상을 뜻한다. 보통 특별한 경제 위기를 맞을 때만 디플레이션을 겪고, 그 외에는 인플레이션 현상을 겪는다. 하지만 우리나라는 오로지 인플레이션만 진행되어왔다. 이게 무슨 뜻일까? 우리나라는 돈의 가치가 단 한 번도 오른 적 없이 꾸준히 떨어졌다는 말이다.

◆ **우리나라 연도별 물가 상승률**

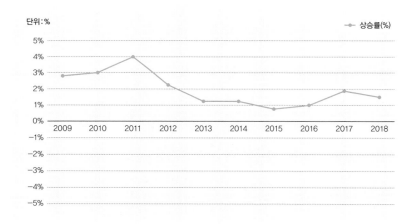

자료 출처:통계청

위 그래프, 우리나라의 연도별 물가상승률을 보면 단 한 번도 마이너스로 내려간 적이 없다. 이해를 돕기 위해 그래프를 요약하면, 물가상승률이 플러스인 경우에는 인플레이션, 마이너스일 경우에는 디플레이션 상황이다. 만약 우리나라에 디플레이션이 온다면, 부동산 가격이 폭락할 수 있다. 그래서 디플레이션 상황에서는 실물자산보다 현금을 가지고 있는 편이 유리하다. 하지만 그래프에서 보듯이, 우리나라는 한 번도 디플레이션 현상을 겪지 않았다.

이렇게 정리할 수 있겠다. 물가가 오르고 돈의 가치가 하락하는 인플레이션 상황일 때는 부동산과 같은 실물자산에 투자해야 하고, 물가가 하락하고 경기가 침체하는 디플레이션 상황일 때는 돈의 가치가 상승하므로 현금을 가지고 있는 게 유리하다.

즉, 물가가 오르는 상황이라면 꼭 부동산이 아니더라도 다른 실물자산이라도 투자하는 게 좋다. 만약 디플레이션 상황이 예상된다면 실물자산을 빠르게 매도하고 현금화시키도록 하자.

"돈의 가치는 시간이 지나면서 떨어지기 마련이다.
재테크는 선택이 아닌 필수다."

추세를 알면
투자도 흔들리지 않는다

추세는 부동산 시장에서 가장 중요한 개념이다. 추세를 알아야 부동산 시장의 흐름을 읽을 수 있다.

"추세란 어떤 현상이 일정한 방향으로 나아가는 것을 말한다."

반대로 생각하면 어떤 현상이 쉽게 꺾이지 않는 것이다.

◆ 상승 추세에서 정부가 규제책을 내놓았을 때

PART 1. 부동산 투자학개론

부동산 시장이 상승 추세일 경우, 부동산 가격은 지속해서 오른다. 이런 상승 추세에서 정부가 규제 정책을 펴면 어떻게 될까? 일시적으로 가격이 떨어질 것이다. 하지만 그 효과는 단기적이고 상승 추세는 유지된다.

◆ **하락 추세에서 정부가 부양책을 내놓았을 때**

반대로 부동산 시장이 하락 추세일 경우, 부동산 가격은 꾸준히 하락한다. 이때 정부가 부양책을 펴면 가격은 일시적으로 상승한다. 하지만 그것도 잠시일 뿐, 이내 하락 추세로 돌아선다.

"부양책이든 규제책이든 단기적인 효과는 있지만 중장기적으로 부동산 시장은 추세를 따라가게 되어있다."

강력한 규제책을 여러 번 내놓았던 참여정부 시절의 부동산 시장 추세는 어땠을까? 당시 IT 버블 사태로 인해 미국 경제가 가라앉은 상황이었고, 실업률을 방어하기 위해 미국 연방준비제도(FED, 이하 미 연준) 이사회가 기준금리를 인하했다. 미 연준은 2000년에 6.5%였던 기준금리를 2003년도에 1%까지 인하했다. 금리가 낮아지자 시중에 화폐가 돌기 시작했고, 그 유동성이 미국 경제를 포함해 글로벌 경제를 상승시켰다. 그리고 그 영향으로 대한민국 부동산 시장도 호황기를 맞았다.

호황기를 맞은 부동산 시장이 걷잡을 수 없이 상승 추세를 이어가자 참여정부는 양도세 중과, DTI · LTV, 종합부동산세 등 강도 높은 부동산 규제책을 여러 차례에 걸쳐 도입하며 '시장 잡기'에 몰두했다. 하지만 부동산 시장은 매번 일시적으로 하락했을 뿐 전체적인 상승 추세는 꺾이지 않았다.

그렇다면 현 정부의 추세는 어떨까? 2008년도 미국발 금융위기 이후에, 미국은 양적 완화 정책을 쓰며 3회에 걸쳐 총 3조 2,000억 달러를 시중에 풀었다. 주요 선진국 7개국의 양적 완화 정책을 포함하면 10조 달러 이상이 시중에 풀렸다.

결국, 막대한 유동성이 전 세계 경제를 끌어올렸고, 부동산 시장도 크게 급등했다. 우리나라 부동산 시장 역시 급등했고, 현재까지 상승 추세를 이어오고 있다. 지금은 정부가 여러 번 규제책을 도입하며 상승 추세 흐름 속에서 약간의 조정 국면에 접어들었지만, 일시적인 조정 국면을 거치고 나면 다시 상승 추세를 이어갈 것으로 예상된다.

유동성과 금리가 추세를 결정한다

추세는 유동성과 금리를 보고 유추할 수 있다. 먼저 시중에 돈이 많이 풀려있느냐, 줄어드느냐를 가리키는 유동성을 봐야 한다. 또 유동성은 금리와 밀접한 관계를 맺고 있어서, 금리를 인상하면 시중에 화폐가 줄어들고 줄어든 유동성은 부동산 시장을 하락 추세로 변화시킨다. 규제책이나 부양책은 추세를 바꾸진 못하고 일시적인 조정만 가져오지만, 유동성과 금리에 변화를 주면 추세가 바뀌는 기점이 된다.

"유동성이나 금리의 변화는 추세의 변곡점이 생기는 징조다."

참여정부와 현 정부, 두 정부의 집권 기간은 전 세계적으로 유동성이 높은 시기였다. 두 정부 모두 금리가 낮고, 신도시를 건설 중이라는 공통점이 있다. 결국, 두 정부 모두 강도 높은 부동산 규제 대책을 내놓았다.

다만, 두 정부의 부동산 규제 대책에는 약간의 차이점이 있다. 현 정부의 부동산 규제책은 기존의 규제책을 좀 더 강하게 적용하는 데 그치지만, 참여정부 당시 부동산 규제책은 기존에 없던 정책을 새롭게 만든 것이다. 참여정부 시절의 부동산 시장은 새로운 규제책으로 인해 큰 혼란이 오고, 급기야 침체를 맞았다. 그런데도 참여정부의 집권 기간 5년이 지나고 보니 서울 집값이 56%, 강남권 집값은 약 80%가 상승했다. 정리해보면 어떤 규제책이 나오더라도 유동성과 금리를 보고 시장의 추세를 파악하면 투자 수익을 올릴 수 있다.

"추세를 파악하는 것이 부동산 투자의 핵심이다.
현재 상황에 일희일비(一喜一悲)하지 말고 미래를 예측하자!"

저금리 시대,
부동산 투자의 최적기!

앞에서 금리가 유동성을 결정하고 유동성이 시장의 추세를 좌지우지한다고 설명했다. 즉, 금리를 조정하면 추세를 바꿀 수 있고, 추세를 바꾼다면 시장을 바로잡을 수 있다. 금리를 통해 부동산 시장을 잡을 수 있다는 말이다. 부동산 시장의 상승 추세를 잡으려면 유동성을 줄여야 하고, 유동성을 줄이려면 금리를 높이면 된다. 아주 간단하다.

상방격징성의 금리, 하방경직성의 부동산

그런데 어째서 한국은행은 금리를 인상하지 않을까? 그 답을 찾기 위해서는 금리의 성격을 먼저 알아야 한다. 금리는 상방경직성을 가지고 있다. 상방경직성이란 위로 쉽게 올라가지 않으려는 성질을 말한다. 금리와는 달리 부동산은 아래로 내려가지 않으려는 성질을 가지고 있다. 즉, 부동산은 하방경직성을 가지고 있다.

금리 인상은 보통 한 번에 0.25%p씩 이루어진다. 금리는 쉽게 올라가지 않으려 하므로 이 이상 억지로 인상할 경우 경제가 큰 타격을 받을 수 있다. 반면, 금리 인하는 한 번에 1%p씩 큰 폭으로 내려도 크게 문제되지 않는다.

금리 인상도 경제가 튼튼할 때 가능하다

금리에 관련한 다양한 의견 중에 미국이 기준금리를 올리면 우리나라도 올려야 한다는 주장이 있다. 대부분 전문가가 이 의견에 동의한다. 미국이 금리를 인상하면 우리나라에 들어와 있는 외국자본이 높은 금리를 찾아 미국으로 빠져나가므로 이러한 외국자본의 해외 유출을 막기 위해 우리나라도 금리를 인상해야 한다는 논리에 입각한 주장이다. 이경우, 부동산 대출 이자에 대한 부담이 증가해서 부동산을 팔려는 사람들이 늘어나고, 공급이 증가하니 가격은 내려간다. 이론적으로 합당한 주장이다.

하지만 이런 논리를 현실에 대입하면 이야기가 달라진다. 현재 우리나라 경제는 미·중 무역 전쟁의 영향과 내수 부진으로 인해 저성장 기조를 보인다. 올해도 경제성장률이 2.2%를 넘지 못할 거라는 전망이 많다. 경기가 위축된 상태에서 금리를 올리면 경제적으로 튼튼하지 못한 한계 기업들이 마구잡이로 도산할 위험성이 높다. 즉, 금리 인상 초기에는 외국자본의 유출을 막을 수 있지만, 결과적으로는 한계 기업들의 도산과 경기 침체로 외국자본과 국내 자본 모두가 해외로 유출될 가능성이 커진다. 금리를 올리지 않았을 때보다 금리를 올렸을 때 빠져나가는 자본이 큰 상황이 벌어진다. 이 때문에 미국이 금리를 인상한다고 우리도 마냥 따라 올릴 수는 없는 노릇이다. 우리 경제의 기초체력이 튼튼하다면 금리 인상이 가능하지만, 그렇지 않다면 금리 인상이 쉽지 않다.

미국 금리와 한국 금리는 비례한다?

미국 금리와 한국 금리의 인과 관계를 과거 사례를 통해 알아보자.

◆ 미국과 한국 경제의 상관관계

구분	80년대 말	90년대 말
미국	경제 불황	경제 호황
한국	3저 호황 (저금리, 저유가, 저달러)	외환 위기

80년대에 미국이 경제 불황, 경기 침체를 겪을 때 우리나라 경제는 호황기였다. 반대로 90년대 말에 미국이 경제 호황을 누리고 있을 때, 우리나라는 외환 위기를 맞았다. 미국의 경제 상황 및 금리와 우리나라 경제와는 직접적인 인과 관계가 없다. 물론 간접적인 영향은 주고받지

만, 미국이 금리를 인상했다고 우리나라도 따라 올린다거나, 미국이 금리를 인하했다고 우리나라도 같이 내려야 할 직접적인 이유는 없다는 말이다.

2008년 경제 위기 때, 미국은 기준금리 인하를 통해 인위적으로 유동성을 증가시켜 경제를 회복했었다. 그 이후 유동성이 너무 커지자 화폐 가치가 폭락했고 인플레이션 현상이 심해졌다. 결국, 그 유동성이 부동산 같은 실물자산으로 유입되기 시작했고, 우리나라의 부동산 시장도 마찬가지였다.

현재 상황은 어떨까? 경제만 놓고 보면 금리 인하가 맞지만, 부동산 시장을 보면 금리 인상이 적절해 보인다. 이러지도 저러지도 못하는 어정쩡한 상태였지만, 코로나19의 영향으로 미국이 기준금리를 대폭 인하하자 한국은행도 기준금리를 생각보다 큰 폭인 0.5%p 인하했다.

결국은 경제가 우선이기 때문에 정부는 당분간 금리 인하 쪽으로 정책을 펼 가능성이 높다. 고로, 우리나라 부동산 시장의 상승 추세는 앞으로도 이어질 전망이다.

"금리 인하는 기정사실이다. 부동산 시장의 상승 추세에 올라타라!"

공급절벽 시대,
기회는 준비된 자에게만!

　어떠한 정책이 나오게 되면 투자자는 그 정책 뒤의 숨은 의도를 파악해야 한다. 숨은 의도를 파악하고 그에 맞춰 투자 전략을 짜야 부동산 시장에서 살아남을 수 있다. 현 정부는 지속해서 서울시 내의 재개발·재건축을 제한하고 있다. 재개발 사업을 진행할 때, 임대아파트를 의무적으로 최대 15~20%까지, 서울시 자체 규정으로 30%까지 확보해야 하는 규정을 만든 것이 그 대표적인 예이다. 이 정책을 보고 '아 이제 재개발, 재건축 투자는 가망이 없구나'라고만 생각할 게 아니라, 기회를 포착해 투자 전략을 짜는 것이 성공하는 투자자가 할 일이다.

정책의 숨은 의도를 파악하라

정부는 이전부터 8년이 넘는 기간 동안 재개발, 재건축을 제한하는 정책을 내놓았다. 재개발 구역을 해제시키고 도시 재생 사업으로 전환하는 뉴타운 출구 전략도 그 일환이라고 볼 수 있다. 더불어 재개발, 재건축의 효력을 일정 기간이 지나면 자동으로 소멸시키는 제도인 '재건축 재개발 일몰제'를 도입했다. 이 일몰제는 2012년 2월 1일 이후에 지정된 지역에만 해당한다. 2012년 1월 31일 이전에 지정된 정비구역이라 할지라도 2020년 3월 1일까지 조합 설립 인가를 신청하지 않으면 정비구역에서 해제된다. 수도권에만 약 서른 군데 정도의 많은 수가 해당한다. 2012년 2월 1일 이후 정비구역으로 지정된 곳은 2년 이내에 추진위 설립을 신청하거나 추진위 승인 이후 2년 이내에 조합설립을 신청하고, 3년 이내에 사업시행 인가를 신청해야 한다.

재개발 vs 가로주택정비사업

그렇다면 왜 정부는 재개발 지역 해제에 목을 매고 있을까? 재개발 지역을 해제시켜야 도시재생사업, 그러니까 마을 가꾸기 사업으로 전환할 수 있기 때문이다. 정부는 재개발 사업으로 인해 기존 주민들이 쫓겨나고 외부 투자자가 불로소득을 얻는다고 판단했다. 그래서 정부는 외부 투자자가 이득을 보는 재개발 사업을 해제하고 도시 재생 사업을 실시해 기존 거주민의 거주권을 보장하고 도시 인프라를 재정비하겠다는 입장이다. 낙후된 주택은 도시재생사업의 일환인 가로주택(街路住宅)정비사업을 통해 신축 아파트를 공급하겠다고 한다. 하지만 가로주택정비사업을 통해 낡은 빌라 또는 단독 주택이 신축 아파트로 바뀌면서 상승하는 가치는, 재개발이 추진되어 대규모 단지가 들어왔을 때 상승하는 폭에 비할 바가 못 된다.

◆ **가로주택정비사업이란?**

가로를 유지하면서 주거환경을 개선하는 도시재생사업
10,000㎡, 3,300평의 소규모 개발로 진행 (15층 아파트까지 건설 가능)

서울에 주택 공급을 늘려야 하는 것은 명백한 사실이다

서울은 현재 빈 집, 빈 땅이 없기 때문에 낡은 집을 허물고 새집을 짓는 재개발, 재건축이 아니면 공급 물량을 늘릴 방법이 없다. 그런데 정부에서는 재개발, 재건축을 제한하고 오로지 임대아파트 늘리기에만 집중하고 있다. 앞서 말한 재개발 사업에 임대아파트 의무 규정이 도입된 것도 비슷한 케이스다. 최근에는 재건축 사업에도 임대아파트 의무 규정을 도입하려는 움직임을 보여주고 있다.

곧 서울에 역대급 공급절벽 시대가 온다

재개발, 재건축 사업은 서울시 주택 공급 물량의 약 80%라는 높은 비중을 차지한다. 정부의 재개발, 재건축 사업 규제는 오히려 공급 부족을 심화시키고, 부동산의 희소가치를 키워 시장을 교란하고 있다. 가격은 수요와 공급에 의해 결정된다는 시장의 기본 원칙을 공급 제한으로 무시하고 있다.

◆ **전국 아파트 입주 물량 추이** 2020년은 예정 물량

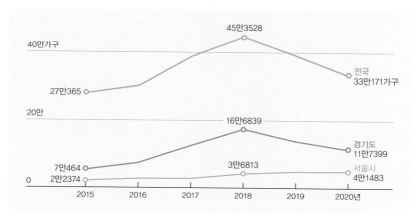

자료 출처 : 부동산114

국토연구원이 발표한 서울의 연평균 필요주택 공급 물량은 매년 약 55,000가구라고 한다. 이 중에 아파트 수요는 74%에 해당하는 40,000가구, 나머지 26%가 연립주택, 다세대주택과 다가구 등 비아파트 수요다. 아파트 선호 현상이 갈수록 심해지고 있다.

2019년 서울의 아파트 입주 물량은 약 43,000가구로 정점을 찍었다. 2020년은 41,000여 가구, 2021년은 10,000여 가구로 급락할 것으로 예상된다. 이렇게 공급이 줄어들 경우, 기존의 서울 집값은 더욱더 뛸 것

으로 예상할 수 있다. 더불어 올해는 총선이 있고, 공급 물량이 가장 줄어드는 2021년은 현 정부의 집권 4년 차로 시장의 변동성은 더 커질 수밖에 없다.

정부의 정책 속에 숨어있는 기회를 포착해라

부동산 투자자는 이런 서울의 재개발, 재건축 사업 제한을 단순히 이렇게 생각하고 받아들여서는 안 된다. "아, 이제 재개발 재건축이 힘들어지겠네." 재개발, 재건축 사업이 제한되면 공급 물량은 점점 줄어들 것이고 집값이 상승할 것이다. 이런 점까지 예상해야 한다.

기회는 다시 온다. 그러나 소수에게만 올 뿐이다. 매일 입이 마르도록 부동산 폭락론을 이야기하는 신문, 뉴스, 언론으로부터 귀를 닫아야한다. 폭락론에 현혹되면 기회를 놓칠 수 있다. 앞에서 말했듯 부동산은 추세에 따라 움직인다. 정부의 규제가 아무리 강하더라도 그 영향은 일시적일 따름이다. 규제 정책이라 할지라도, 그 숨은 의도를 파악하여 투자 전략을 세워야 한다.

"기회를 위기로 보는 실수를 범하지 말자."

깨뜨려라! 부동산 고정관념

잘못 알고 있던 부동산 투자, 제대로 알아보자!

1. 정부의 각종 부동산 대책(부양책, 규제책)은 부동산에 절대적 영향을 미친다?
 → 규제책과 부양책은 일시적 영향만 줄 뿐, 부동산 시장은 추세를 따른다.

상승 추세냐 또는 하락 추세냐	
추세	부동산 가격
상승 추세	상승
하락 추세	하락

부동산 시장은 추세를 따른다. 단기적인 정책을 보고 판단하기보다는 추세를 보고 미래를 예측하여 투자하자!

2. 수익형 부동산인 오피스텔은 시세 차익을 얻기 힘들다?

→ 모든 수익형 부동산이 그런 것은 아니다.
수익형 부동산에도 상승할 수 있는 요인들이 있다.

저금리, 전 · 월세 신고제, 주차장법 개정 등

▼

오피스텔이 틈새시장이 될 것이다

부동산 투자자 사이에서 오피스텔 같은 수익형 부동산은 시세 차익을 얻기 힘들다는 고정관념이 있다. 전혀 틀린 말은 아니다. 보통은 그렇지만, 예외가 있다. 저금리, 전 · 월세 신고제, 주차장법 개정 등이 예외를 결정하는 요인이다.

저금리가 유지되고 있기 때문에 유동성이 많은 상황이다. 은행에 돈을 넣어두기보다, 더 큰 수익을 누릴 수 있는 부동산에 투자하는 사람들이 많다. 수익형 부동산도 그중 하나가 될 수 있다.

오피스텔은 전 · 월세 신고제에서 제외되어 있다는 점도 중요한 포인트다. 세금을 줄이고자 하는 투자자들이 몰릴 가능성이 크다는 얘기다. 수요가 많아지면 가격은 오르기 마련이다.

마지막으로 주차장법 개정도 큰 플러스 요인이다. 주차장법 개정으로 인해 주차공간이 더 줄어들었다. 주차공간 1개가 줄면 오피스텔 2세대가 줄어든다. 공급이 줄어드는 만큼 가격은 올라간다. 결국, 주차장법 개정 이후 허가받는 오피스텔은 분양가가 상승할 것이다.

3. 나홀로 아파트는 시세 차익을 내기 어렵다?

→ 땡! 수요가 많으면 나홀로 아파트도 오른다.

송파구 잠실 월드 메르디앙	전용 82.83㎡ 실거래가	
	2012년	2019년
2005년 건축, 96세대, 총 1개 동 종합운동장역(107m) 역세권	4억7,000만 원	8억9,000만 원
	89.3% 상승	

통상적으로 나홀로 아파트는 시세 차익을 내기 어려운 것이 맞지만, 여기에도 예외는 있다. 송파구 잠실 월드 메르디앙 아파트는 1개 동으로 구성된 나홀로 아파트인데, 7년 만에 89.3%가 상승했다. 잠실종합운동장 개발 호재도 있었지만, 그 이유만으로 올랐다기에는 상승 폭이 너무 크다.

이 달콤한 상승 폭의 원동력은 대체 뭘까? 우선 좋은 입지와 학군을 바탕으로 인근 아파트의 수요가 많아졌고 그만큼 매매가가 상승했다. 그러자 그 수요가 상대적으로 저렴한 나홀로 아파트로 몰리며 가격 상승으로 연결되었다.

서초구 브라운스톤 아파트도 비슷한 케이스다. 2012년 7억7,000만 원이던 물건이 2019년 들어 19억 원에 거래되었다. 146%의 준수한 상승률이다. 브라운스톤 아파트의 경우, 인근의 반포 경남아파트, 신반포 한신아파트 등 재건축 아파트의 높은 가격 상승이 일어났고, 재건축 아파트의 수요를 흡수하며 매매가가 상승했다.

이 둘의 공통점은 학군과 입지가 좋다는 점이다. 결국, 좋은 입지를 바탕으로 수요가 많아지면 나홀로 아파트도 가격이 상승한다. 단, 그렇

지 않은 대부분의 나홀로 아파트는 오르지 않는다는 점도 함께 기억해
두자.

4. "부동산 투자, 발품 팔아라!" 맞을까?
→ 호랑이 담배 피우던 시절 이야기다.
인터넷 활용 후 현장을 확인하는 편이 훨씬 유리하다.

인터넷이 활성화되지 않았을 때는 발품 팔아 현장에 가보는 것이 정
답이었다. 하지만 세상이 변했다. 임장(臨場)이 가지는 장점도 있지만,
인터넷을 통해 더 많은 정보를 훨씬 이른 시간 안에 수집할 수 있다.

5. 강 조망권, 녹지 조망권 중 어느 것이 가치가 클까?
→ **현시점에는 강 조망권, 미래에는 녹지 조망권**

강 조망권이냐, 녹지 조망권이냐는 부동산 투자자들이 늘 고민하는
질문이다. 정답은 이렇게 요약할 수 있다. "현시점에는 강 조망권의 가
치가 더 크지만, 점차 녹지 조망권의 가치가 더 커진다." 지금은 강 조망
권을 포함한 부동산의 가치가 더 높지만, 1인당 GDP가 40,000~50,000
달러 수준에 이르게 되면 녹지 조망권의 가치가 더 높아질 것으로 예상
된다. 선진국은 이미 이러한 단계를 거쳐 녹지 조망권의 가치를 더 높게
평가하고 있다.

6. 지하철이 개통되면 땅값이 오르므로 개통될 때 집을 매도해야 할까?
→ **부동산은 발표 시점과 착공 시점에 오른다.**

부동산 가격은 지하철이 개통될 때 오르는 것이 아니라, 발표 시점과 착공 시점에 오른다. 먼저 지하철 계획 발표 시점에 급상승하고 착공시점에 한 번 더 크게 상승한다. 하지만 착공부터 개통까지는 긴 시간이 걸리기 때문에 막상 개통될 때는 상승 폭이 기대만큼 크지 않다. 재개발 지역도 마찬가지다. 재개발 예정 지역도 완공 시점을 보고 투자하는 것이 아니라, 구역 지정 발표, 조합 설립, 사업 시행 인가 발표 등 가격이 오르는 개발 단계를 보고 투자하는 것이다. 부동산 투자는 이러한 단계별 수익을 내고 빠져나오는 것이지 완공을 기대하는 것이 아니다.

"아는 것이 힘이고 모르는 것은 독이다."라는 말이 있는데, 부동산 투자자는 많이 아는 것보다 제대로 아는 것이 중요하다.

"잘못된 정보는 오히려 투자 기회를 놓치게 만든다."

CHAPTER 2
부동산 투자 필승 전략

갭투자의 유혹, 패망의 지름길

    갭투자는 높은 전세가의 아파트를 전세 안고 매입한 뒤, 단기간에 아파트 가격이 올라가서 생기는 차익을 노리는 투자를 말한다. 그럼 차액 투자와 갭투자의 차이점은 뭘까? 단순히 전세를 떠안고 투자하면 갭투자라고 생각하는 사람들이 많은데 엄밀히 따지면 잘못된 생각이다.

갭투자와 차액 투자는 다른 개념이다

    먼저 차액 투자는 부동산 투자자가 늘 하는 투자다. 투자 가치가 있는 지역 또는 가격 상승이 예상되는 지역에 전세를 끼워 투자하는 방법이다. 갭투자는 조금 다르다. 투자 가치를 보고 투자하는 것이 아니라,

전세가가 높은 지역에 비교적 적은 금액을 투자하는 방법이다. 다시 말하면 높은 전세가율을 활용해, 전세가가 매매가를 끌어올리는 효과를 기대하는 투자다. 갭투자는 대부분 비강남권의 전세가율이 80%대로 높은 지역에서 많이 이루어진다.

◆ 수도권 부동산 매매가 변화

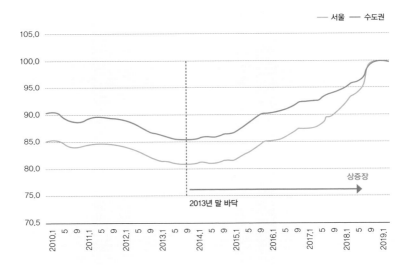

2008년 미국발 금융위기 이후로 부동산 시장은 계속 좋지 않다가, 2013년 말에 바닥을 찍고 다시 상승 추세로 돌아섰다. 처음에는 미래가치가 높은 재건축을 중심으로 가격이 오르기 시작했고 점차 나홀로 아파트같이 별다른 미래가치가 없는 지역까지 덩달아 상승했다. 오랜 기간 침체를 겪던 시장 상황이 나아지면서 본연의 가치와 관계없이 전체적인 상승효과를 받은 것이다. 단, 가치가 있는 지역은 더 많이 올랐고 가치가 적은 지역은 조금 올랐다. 물가 상승이 매매가 상승에 반영된 거라고 볼 수도 있을 정도였다.

갭투자는 이 시기, 시장이 막 상승하기 시작하는 2014년 말부터 등장해 주목받기 시작했다. 2013년 이후 부동산 가격이 너나 할 것 없이 오르자, 전세가는 높은데 별다른 가치가 없는 지역에서 전세가가 매매가를 끌어올리는 현상이 나타났기 때문이다.

갭투자는 이처럼 부동산 시장이 긴 침체기를 깨고 상승하는 초기시장 또는 부동산 시장이 아주 활황기일 때 유효하다. 이 초기시장에는 가치가 있든 없든, 호재가 있든 없든 모든 부동산 가격이 전체적으로 오르기 때문이다. 하지만 이 시기가 지나면 거래 자체가 잘 이루어지지 않는다. 또 전세가율 자체는 높은데 매매가가 잘 오르지 않는 경우도 많다. 매매가가 잘 오르지 않는다는 것은 투자 가치가 없다는 뜻이고 결국 실거주자밖에 거래를 안 한다는 말이다. 정리해본다면, 갭투자를 하는 지역은 단순히 전세가율만 높은 지역인데, 이 지역은 집값이 잘 안 오른다고 볼 수 있다.

"갭투자 지역은 시장이 안 좋을 때 가장 먼저 가격이 떨어진다."

본래 가치가 없는 지역이 전체 시장 상승에 힘입어 덩달아 올랐기 때문에 시장 상황이 안 좋아지면 가장 먼저 떨어진다. 혹자는 저평가된 지역에 투자하라고 부추기면서 갭투자를 추천하지만, 부동산 가격은 시장에 의해서 결정되는 것이다. 엄밀히 말하면 저평가된 지역은 없다는 뜻이다. 전세가도 마찬가지다. 특히나 전세는 실거주를 위한 목적이기 때문에 전세가야말로 온전히 시장에 의해 결정된다고 할 수 있다.

미래의 부동산은 차별화가 극도로 심해질 것이다. 갭투자에 유혹당하지 않고 성공적으로 부동산 투자를 하려면, 이 네 가지를 기억하도록 하자. 첫째, 투자 가치가 있는 곳은 결국 오르고 가치가 없는 곳은 누가 뭐래도 안 오른다. 아무 부동산에나 투자해도 오른다는 것은 옛말이다.

둘째, 변화의 크기가 가격의 크기를 결정한다. 환경이 크게 좋아지는 지역이라면 가격이 많이 오르고 작게 변화하면 작게 오른다. 쉽게 말해, 어마어마한 일자리가 생긴다면 많이 오르고 조그마한 직장이 생긴다면 작게 오른다.

셋째, 투자 마인드를 바꿔라! 현명한 투자자는 내가 살고 싶은 곳이 아닌 남이 들어가 살고 싶은 곳으로 투자처를 찾는다. 지금 시장의 수요자들이 어떤 매물을 원하는지를 파악하고 그곳에 투자하는 것이다. 실거주와 투자를 잘 구분해야 한다.

"넷째, 갭투자 절대로 하지 말자."

역세권 부동산의 비밀을 풀다

　역세권은 부동산 시장에서 늘 주목받는 지역이다. 당연한 말이겠지만, 대중교통 접근성이 좋기 때문이다. 부동산 투자에서 역세권의 대중교통이라는 요소를 고려할 때는, 지하철만 보면 된다.

◆ 역대 서울 시내 교통 수송분담률

수송분담률	1996년	2003년	2010년	2017년	변동률
승용차	24.6	26.4	24.1	24.4	−0.2
버스	30.1	25.6	28.1	25.1	−5
택시	10.4	7.1	7.2	6.5	−3.9
지하철	29.4	35.6	36.2	39.9	+10.5

단위:%

자료 출처: 서울특별시 교통정책과

역대 서울 시내 교통 수송분담률을 보면, 1996년 29.4%로 버스보다 낮았던 지하철 비중이 2017년 39.9%로 높아지면서 대중교통 중 가장 높은 비율을 차지하고 있다. 부동산 투자에서 역세권이냐 아니냐를 결정하는 것은 바로 지하철 승강장까지의 거리다.

역세권의 정확한 범위는 법으로 명시되어 있지 않지만, 서울시에서 규정하고 있는 범위는 지하철 승강장에서 직선거리로 500m까지를 말한다. 정확하게 0~250m 거리는 1차 역세권, 250~500m 거리는 2차 역세권으로 나눈다. 그럼 왜 500m일까? 지하철이 없었던 지역에 지하철이 생겼을 때, 집값 상승효과를 받는 범위가 약 500m까지이기 때문이다. 이 같은 집값 상승의 효과는 같은 역세권 안이라고 하더라도 지하철 승강장과 가까울수록 크다.

역세권은 보통 주변에 다양한 상업 업무 시설이 존재하고, 버스와 환승 체계를 갖추고 있어 유동 인구가 많다. 즉, 수요가 많으므로 땅값도 당연히 오르는 곳이다. 그리고 지하철의 수송분담률이 지속해서 늘고 있어 앞으로도 역세권 부동산은 계속해서 상승할 것으로 예상된다.

선진국의 역세권 고밀도개발, 압축 도시

선진국 정책을 보면 우리가 갈 길도 대충 알 수 있다. 많은 선진국이 신도시 건설, 택지 개발 등 도시 외연 확장 단계를 거쳐 역세권 고밀도개발 방향으로 도시 계획을 전환하고 있다. 압축 도시(Compact City)라고도 부르는 역세권 고밀도개발이 대부분 선진국의 도시개발 모델이다. 초고층 빌딩을 밀집 배치하여 여러 번 환승하지 않고도 쉽게 접근할 수 있으며, 편의시설을 많이 갖춘 도시를 말한다. 고밀도개발을 통해 무분별한 도시확산을 막고 녹지공간을 확보할 수 있다는 장점도 있다. 대표적인 예로 '도시 속의 도시'라고 불리는 일본의 롯폰기 힐스가 있다. 30,000여 평의 주거, 상업, 문화 시설을 갖춘 고밀도 복합문화공간으로서 준비 기간만 17년에 달하는 고밀도개발 프로젝트의 결과물이다.

우리나라 부동산 정책도 선진국 정책을 따라가기 마련이다. 한강변 개발, 준공업지역 개발, 역세권 개발 등이 선진국의 성공적인 부동산 정책을 우리나라 실정에 맞게 벤치마킹한 정책이다. 서울은 현재 3기 신도시 사업을 진행 중이며 지속해서 도시 외연이 확장되고 있다. 이 도시 외연 확장 단계를 거치고 나면 고밀도개발을 통한 압축 도시 또한 우리나라에 도입될 것으로 예상된다.

"역세권 고밀도개발의 수혜지에서 벗어나지 말자!
500m 거리 밖은 상승효과를 볼 수 없다"

기존에 역세권이 아닌 지역에 지하철이 새로 개통되면 집값이 오를까? 당연히 오른다. 하지만 상승 폭이 크지 않다. 지하철 개통은 분명 호재라고 볼 수 있지만, 막상 개통되는 시점에는 크게 오르지 않는다. 지하철 개통에 의한 가격 상승에는 일정한 법칙이 있다. 지하철 개통은 발표, 착공, 개통 순으로 이루어지는데, 지하철을 놓겠다는 정부 발표와 착공 시기에는 집값이 많이 오른다. 하지만 막상 개통할 때에는 미미하게 오른다. 착공부터 개통할 때까지의 기간이 너무 오래 걸리기 때문에 기다리는 기간이 가격에 반영된 결과다.

    "발표-착공-개통의 법칙
    발표와 착공 시점에는 큰 상승, 정작 개통 시점에는 미미"

    이 법칙은 모든 부동산 관련 사업에 적용할 수 있다. 예를 들어, 재개발이 예정된 지역이 있다고 하자. 재개발이 준공되려면 최소 10년 이상 소요된다. 누군가는 10년이라는 시간이 걸리기 때문에 지금 투자하면 안 된다고 할 수도 있다. 초보자가 듣기에는 맞는 말로 들리기 쉽다. "재개발 투자는 평균 10년 이상 걸린다는데 10년을 어떻게 기다려?"

    하지만 "발표-착공-개통의 법칙"에 입각하여 생각해보면 재개발 사업도 발표 시점과 착공 시점이 가장 많이 상승하는 시점이다. 재개발이 끝나 아파트가 들어오는 시점은 투자 가치가 최고로 극대화되는 시기는 맞지만, 준공을 기다리기에는 너무나 긴 시간이 필요하다.

    사업의 완공 여부는 중요하지 않다. 호재가 없던 지역에 개발 호재(발표)가 생기는 순간이 가장 많이 오르는 시점이다. 다시 한번 말하지만, 재개발이 완료된 시점까지 기다리는 사람들은 실거주하기 위한 사람들이고, 현명한 투자자는 적절한 이익 실현 후 잘 빠져나오는 사람이다.

    "마치 들어가 살 것처럼 생각하는 것은 초보의 발상이다."

새롭게 지하철이 들어오는 곳과 기존에 지하철이 있는데 추가로 하나 더 들어오는 곳이 있다고 가정해보자. 두 곳 중 어느 쪽이 더 많이 오를까? 답은 지하철이 없었다가 새롭게 들어오는 곳이다. 그런 경우에는 기존에 충족되지 못하던 지하철 수요를 더 많이 충족시켜주기 때문에 집값 상승의 기대치가 높다. 반면, 기존 지하철은 집값을 끌어 올려주진 않지만 하락하지 않게 하는 영향을 준다. 지하철 개통이 완료된 곳은 집값이 안정적인 곳이라고 판단하면 된다.

역세권의 함정을 조심하라!

모든 부동산이 그렇듯 역세권 부동산에도 함정이 있다. 첫 번째 함정은 경전철이다. 경전철은 교통이 끊어진 곳을 이어주는 연결고리 역할을 한다. 두 량(輛)의 소규모 열차이기 때문에 지하철에 비해 수요도 적고 사용량도 적다. 따라서 그 영향력이 지하철보다 훨씬 적다. 경전철이 들어오는 것만 보고 투자하는 행위는 금물이다.

두 번째 함정은 GTX다. 집에서 한 정거장만 가면 GTX가 들어오니 집값이 오르겠네, 라고 생각한다면 그건 큰 오산이다. 약간의 간접적인 영향만 받을 뿐, 오르지 않거나 조금밖에 오르지 않는다. GTX의 영향을 제대로 받기 위해서는 GTX역으로부터 500m 이내여야만 상승효과를 볼 수 있을 것이다.

재건축, 이것만 알면 백전백승

재건축 투자는 사업성이 있는지 없는지 따져보는 것이 관건이다. 어떤 단지는 재건축했을 때 사업성이 많이 나오고 어떤 단지는 안 나오는가 하면, 위치는 비슷한데 여기는 용적률이 낮고 저기는 높다. 대체 어떤 재건축 단지에 투자해야 재건축 수익률이 높을까? 다시 말해서, 재건축 사업성은 어떻게 판단할까?

재건축 사업은 용적률이 좌우한다?

재건축 투자의 사업성을 판단할 때 가장 먼저 보는 것이 용적률이다. 보통 용적률이 낮은 저층 단지가 사업성이 좋은 단지라고 많이들 이야기한다. 그럼 용적률이 몇 % 이하가 돼야 재건축 사업성이 높은 걸까? 용적률이 200% 이하면 사업성이 좋다는 말이 많은데, 이 말은 맞을 수도 있고 틀릴 수도 있다.

먼저 주거지역이 어떤 주거지역의 몇 종으로 구성되어 있는지 알아봐야 한다. 주거지역은 전용주거지역과 일반주거지역으로 나누어지고 전용주거지역은 1종과 2종으로 나눌 수 있다. 전용주거지역은 오로지 단독 주택과 빌라만 건축할 수 있으므로 몇 종이냐에 관계없이 사업성이 낮다. 일반 주거지역은 1종, 2종, 3종, 준주거지역, 이렇게 4가지로 나눌 수 있다. 보통 우리가 거주하고 있는 곳은 2종 일반 주거지역과 3종 일반 주거지역이다. 서울시 기준 1종 일반 주거지역의 최대 용적률은 150%, 2종은 200%, 3종은 250%이고, 준주거지역은 주거지역과 상업지역이 혼재된 지역이다. 시간이 지나면서 주거지역의 용도가 줄어들고 상업지역이 늘어나게 되면서 그 종이 상업지역으로 상향조정되는 경우가 많다. 압구정동 로데오거리가 대표적이다. 보통 재건축 수익성은 용적률이 200% 이하인 일반 주거지역의 1종, 2종이 높고, 3종 주거지역도 용적률에 따라 사업성이 있을 수 있다.

소형 평형대 단지는 재건축에 불리하다

아파트 단지가 소형 평수로만 구성된 단지는 사업성이 별로 없다. '꿈에 그린 아파트'로 재건축되는 노원구 상계주공 8단지 아파트를 예로 들어 설명해보겠다. 기존에 5층짜리 저층 아파트로 조합원이 829세대, 용적률은 88%로 2종 일반 주거지역이었다. 재건축을 하며 3종 일반 주거지역으로 변경되었다. 기존의 용적률과 재건축 용적률의 갭 차이가 162%로 사업성이 높아 보이지만, 재건축 임대아파트 의무 규정에 따른 155세대를 제외하면 일반분양 물량은 80세대로 적은 편이다. 기존평형대가 11, 13, 15.7평으로 구성된 소형 평형 단지였기 때문에 기존 구성원들이 평형을 넓혀가면서 가구 수를 많이 확보하지 못했다.

다음 예로 동대문구 장안동의 재건축 아파트 장안 힐스테이트를 들 수 있다. 기존에 주로 소형 평형대로 구성된 6층짜리 저층 아파트며, 900세대, 용적률 100%, 3종 일반 주거지역이었다. 용적률 갭이 150%나 된다. 그런데도 재건축을 마친 다음의 세대 수는 859세대로 줄어들었다.

이처럼 기존에 소형 평형대가 많은 단지는 재건축을 한다고 해도 세대 수를 늘리기 어려워 일반분양 물량 확보가 쉽지 않다. 건설사가 수익을 낼 수 있는 일반분양 물량이 적다 보니 사업성이 떨어진다고 할 수 있다.

반대로 중대형 평형대로 구성된 단지는 재건축 시 기존의 구성원들이 평형대를 줄여갈 가능성이 크기 때문에 세대 수가 늘어난다. 일반분양 물량 확보가 쉽기 때문에 사업성이 높아진다.

대지면적이 넓어야 한다

◆ 상계주공 9단지와 10단지의 동 간 거리 비교

10단지의 경우, 주변 주공아파트 대비 다닥다닥 붙어있는 동 간 거리를 볼 수 있다

　동 간 거리도 사업성의 지표가 될 수 있다. 상계주공 9단지와 10단지를 비교하면 각각 아파트 동 사이의 거리가 상계주공 9단지가 훨씬 넓다는 것을 알 수 있다. 동 간 거리가 멀다는 말은 대지면적이 넓다는 뜻이고 이는 곧 사업성이 높다는 말이다. 반면에 동 간 거리가 좁다면 대지면적이 좁고 사업성이 낮다. 앞서 말했던 소형 평형대 단지라 할지라도 동 간 거리가 넓다면 사업성이 있다. 대지면적이 충분하다면 소형 평형대라 하더라도 세대 수가 늘어날 가능성이 있기 때문이다. 흔히 '미미삼'이라고 불리는 월계동의 미륭, 미성, 삼호 아파트가 대표적인 예다.

　대지면적에 따라 사업성이 달라진다는 것은 알았는데, 정확히 어느 정도라야 사업성이 좋다고 할 수 있을까? 개별 대지지분이 아니라 평균 대지지분을 봐야 한다.

"평균 대지지분 = 전체 대지면적 ÷ 세대 수

평균 대지지분이 크면 클수록 사업성이 좋다."

◆ 재건축 사업성의 조건

- 용적률 한계치가 높은 주거지역
- 중대형 평형 단지
- 낮은 기존 용적률
- 평균 대지지분 15평 이상

전체 대지면적을 세대 수로 나누면 평균 대지지분이 나오는데 이 평균 대지지분이 15평 이상이면 사업성이 있다고 본다. 평균 대지지분 15평 이하는 재건축보다 리모델링 쪽으로 방향을 잡아가는 것이 더 낫다. 아파트 리모델링에 관해서는 뒤에서 자세히 다루도록 하겠다.

결론을 내려보자. 높은 용적률의 주거지역, 기존의 용적률이 낮은 중대형 평형의 평균 대지지분이 15평 이상인 아파트가 사업성이 가장 높다. 용적률이 낮다고 무조건 재건축 사업성이 높은 것은 아니다.

"용적률의 함정에 빠지지 말고 여러 조건을 잘 고려하여 재건축 사업성을 분석하자!"

아파트 리모델링, 재건축의 대안?

　　정부가 부동산 규제 대책을 지속해서 발표하고 있다. 집값이 잡힐지는 모르겠지만, 부동산 투자자는 언제나 대안을 마련해야 하므로 손 놓고 보고만 있어서는 안 된다. 그런 의미에서 앞서 살펴본 재건축 사업의 대안으로 떠오르고 있는 아파트 리모델링에 대해 알아보자.

　　최근 정부에서 재건축 초과이익환수제를 시행하고 안전 진단을 강화하는 등, 재건축 사업을 강력하게 규제하고 있어 재건축 사업에 제동이 걸리고 있다. 이 상황에서 공동주택 단지의 재생을 도모하고 주거환경을 개선할 수 있는 대안으로 리모델링 사업이 주목받고 있다.

　　아파트 리모델링은 기존 건물의 기둥과 보는 남겨놓고 나머지 부분을 철거하고 새로 건축하는 주택 재생사업이다. 2013년 4월 1일 국회에

서 리모델링 법안이 통과되었고 현재 시범단지를 선정해 시범 진행 중
이다.

재건축 연한인 30년이 지나지 않았더라도 노후가 많이 진행되었거
나, 30년이 지났음에도 사업성 부족으로 재건축되지 않는 아파트가 많
다. 앞서 말했듯 재건축 사업성이 있으려면 기본적으로 기존의 용적률
이 낮아야 하는데, 30년 차 아파트 대부분이 고용적률 아파트다. 이런저
런 이유로 재건축되지 못하는 아파트를 위해 정부에서 리모델링법을 제
정한 것이다.

◆ 아파트 리모델링과 재건축의 차이점 비교

구분	아파트 리모델링	재건축
공사 방법	기본 골조는 그대로 두고 건축 (층과 향이 바뀌지 않는다)	낡은 건물을 철거하고 새로 건축
연한	준공 15년 이후	준공 30년 이후
용적률	용적률과 관계없이 전용의 40%까지 증축 가능	용적률 내에서 전용의 30%까지 증축 가능
공사 기간	약 18~24개월(총 소요 기간 6~7년)	약 3~4년(총 소요 기간 10년 이상)
건축법 완화	건축선, 용적률, 건폐율, 높이 제한, 공개공지 확보 등	완화 없음

리모델링은 층과 향이 바뀌지 않는다

재건축과 리모델링의 차이점은 뭘까? 알다시피 재건축은 낡은 아파
트를 완전히 철거하고 새로운 아파트를 짓는 거라고 보면 된다. 반면 리

모델링은 기본 골조는 그대로 두고 공사가 진행되기 때문에 층과 향이 바뀌지 않는다. 이 때문에 리모델링 가능 단지에 투자하거나 거주를 목적으로 구매한다면, 기존의 층과 향을 고려하여 투자해야 한다. 추가로 재건축은 재건축 연한인 30년이 지나야만 가능하지만, 리모델링은 15년만 지나도 가능하고 공사 기간이 훨씬 짧다.

차이점만 보면 리모델링이 재건축 사업보다 투자 대비 효율이 높을 것 같지만, 늘 그렇듯이 리모델링에도 함정이 존재한다. 리모델링으로 늘릴 수 있는 가구 수는 최대 15%에 불과하다. 더불어 현재 진행되는 리모델링은 용적률 총량제를 적용받고 있어 단지별로 최대 용적률을 정해 놓고 한도 내에서만 리모델링을 진행해야 한다. 최대 증축 가구 비율이 15%로 높지 않은 비율인데, 총량제로 인해 15%를 맞추는 것조차 쉽지 않다.

사업성은 수직증축, 수요는 수평증축에 있다

리모델링의 사업성을 제대로 분석하려면 수직증축과 수평증축의 개념을 알고 넘어가야 한다. 수직증축은 리모델링을 통해 층수를 높이는 것이고, 수평증축은 가구별 평수를 늘리는 것이다. 보통 리모델링 단지의 거주민들은 수평증축을 선호한다. 그들의 입장에서 볼 때, 평수가 늘어나지 않는다면 리모델링을 할 이유가 없기 때문이다. 반면, 건설사 입장에서는 수직증축을 통해 층수를 최대한 확보하고 세대 수를 늘려야 수익이 난다. 즉, 사업성은 수직증축에 있는데 수요는 수평증축에 있어 현실성이 없다. 수평증축과 수직증축, 각각의 한도와 총용적률을 맞춰야 하므로 제한이 많다.

◆ **수평증축과 수직증축 한도**

수평증축	수직증축

• 국민주택 규모 이하(전용 25.7평 이하)
  → 전용면적의 40% 증축 가능
• 국민주택 규모 이상
  → 전용면적의 30% 증축 가능
	• 14층 이하 건물
	  → 2개 층까지 증축 가능
	• 15층 이상 건물
	  → 3개 층까지 증축 가능

※ 국민주택 규모:전용 25.7평   자료 출처:서울특별시 교통정책과

더불어 정부에서 수직증축에 대한 안전 진단을 강화하면서 대부분의 리모델링 아파트가 사업속도를 내기 위해 수평증축만 택한 경우가 많다. 수직증축은 안전 진단을 포함한 인허가에 드는 기간이 약 37개월 정도, 수평증축은 약 19개월 정도가 소요된다. 수직증축은 수평증축보다 안전성 검토 2번, 안전 진단 1번을 추가로 실시해야 한다.

리모델링을 통해 추가되는 일반분양 물량은 오로지 수직증축을 통해서만 확보가 가능한데, 대부분 수평증축으로 진행하다 보니 사업성이 떨어지고 있다. 곧, 거주민이 부담해야 하는 추가 분담금이 늘어날 것으로 예상되고, 주민들의 반대가 커지고 있다.

안전을 최우선에 둔 정부가 아파트 리모델링 관련 문턱을 높인 가운데, 수직증축을 포기하고 수평증축으로 선회하려는 단지가 더 늘어날 수 있다.

"정부의 안전 진단 강화가 변수다."

　최근 정부가 가이드라인 없이 리모델링 2차 안전성 검토에만 1년 이상 시간을 끌면서 주요 리모델링 단지들이 사업방식을 수직증축에서 수평증축으로 변경하고 있다. 아파트 리모델링 법안을 통과시키며 권장하는 것 같았는데 안전 진단이 강화되며 지지부진한 상황이다. 아파트 리모델링, 과연 하는 게 맞을까? 그리고 부동산 투자자 입장에서 리모델링 아파트에 투자하는 것이 잘하는 투자일까?

　리모델링 사업의 궁극적인 목표는 노후가 진행되어 가치가 떨어졌으나 30년 연한에 못 미치고 기존 용적률이 높아 사업성은 떨어지는 아파트를 개축(改築)하여 새로운 가치 창출의 기회를 만들고자 함이다. 그러나 현재까지 진행 경과를 보았을 때는 아쉬운 점이 너무나 많다.

◆ 아파트 리모델링 사업성 계산 사례

	아파트 가격 (3.3㎡당)	20평 아파트 시세	리모델링 면적 + 40%	추가 분담금 (3.3㎡당)	합계
A 지역 아파트	500만 원	1억 원	28평	28평 ×600만 = 1억6,800만 원	1억 + 1억6,800만 = 2억6,800만 원 (평당 957만 원) **사업성 없음**
B 지역 아파트	2,000만 원	4억 원	28평	28평 ×600만 = 1억6,800만 원	4억 + 1억6,800만 = 5억6,800만 원 (평당 2,028만 원) **사업성 있음**
C 지역 아파트	3,000만 원	6억 원	28평	28평 ×600만 = 1억6,800만 원	6억 + 1억6,800만 = 7억6,800만 원 (평당 2,742만 원) **사업성 아주 높음**

리모델링 사업성은 어떻게 계산해야 할까? 위 표의 사례를 보면서 같이 계산해보자. A 지역 아파트의 20평형을 시세 1억 원에 매입했다. 국민주택 규모 이하이므로 40%까지, 총 28평까지 증축할 수 있다. 추가 분담금은 평당 550만~600만 원 정도로 예상되는데 계산의 편의성을 위해 600만 원으로 고정하자. 그럼 총 추가 분담금이 1억6,800만 원으로 나온다. 여기서 주의할 점은 추가되는 평수가 8평이기 때문에 8평만 추가 분담하면 되는 것 아니냐고 생각할 수 있는데, 리모델링도 기본 골조를 제외하고는 새로 짓는 작업이기 때문에 28평 모두에 추가 분담금이 붙는다. 결국, 아파트 매매가와 추가 분담금을 더한 합계액이 2억6,800만 원, 평당 957만 원을 비용으로 지불하는 셈이다. A 지역 아파트는 리모델링한 후 가격이 90% 이상 상승해야만 그나마 사업성이 나온다는 말이다. 동일한 방법으로 B 지역 아파트와 C 지역 아파트를 계산하면, B 지역 아파트는 평당 2,028만 원, 기존 매매가와 크게 차이가 없으므로 어느 정도 사업성이 있다고 볼 수 있다. C 지역 아파트는 2,742만 원, 매매가보다 더 낮아졌다. 사업성이 매우 좋다고 볼 수 있다.

기존 매매가가 높을수록 리모델링 사업성이 좋다

직접 계산해보니 아파트 가격이 높을수록 리모델링 사업성이 좋았다. 공사비 측면에서도 기존 가격이 높은 지역이 유리하다. 강원도나 강남이나 공사비와 인건비는 동일하다. 차이가 생기는 포인트는 땅값뿐이다. 아파트 가격이 비싼 지역은 리모델링 비용에서 공사비와 인건비가 차지하는 비중이 작아지므로 아파트 가격이 비싼 지역일수록 리모델링 가치가 높다. 결국, 기존에 땅값이 비싼 지역일수록 리모델링 사업성이 높고, 땅값이 싼 지역은 오히려 손해를 볼 가능성이 크다.

리모델링 투자는 무엇을 보고 해야 할까?

그렇다면 투자자는 어떤 요령을 가지고 투자해야 할까? 포인트는 앞서 이야기한 층과 향이다. 기본적으로 층과 향에 따라 같은 단지라도 가격 차이가 심하므로 층과 향이 좋은 매물을 선택해야 한다. 그리고 복도식이 유리하다. 보통 수평증축 공사를 할 때, 기존 복도 공간을 주거 공간으로 바꾸는 작업이 수월하기 때문이다. 또 증축 한도가 큰 국민주택 규모 이하의 평형대를 선택하는 것이 유리하다.

대형 평형 비율이 높은 단지는 리모델링보다 재건축이 유리하다

평형에 따라서도 투자 가치가 다르다. 결론부터 말하면 소형 평형대는 개별 수리보다 리모델링 비용이 많이 들어가기 때문에 투자 가치가 낮다. 예를 들어 기존 15평이 리모델링을 통해 40%가 넓어져 21평이 되면, 늘어난 면적은 6평이다. 공사비를 평당 600만 원으로 가정할 때, 총 비용이 1억2,600만 원이다. 리모델링보다 개별 수리하는 편이 비용적인 측면에서 훨씬 유리하다. 대형 평형의 경우 증축 효과에 비해 공사비 부담이 크다. 기존 40평을 리모델링하면 52평이 된다. 실제로 늘어난 면적은 12평인데, 총공사비는 3억1,200만 원이 들어간다. 리모델링으로 얻는 증축 효과에 비해 비용 부담이 너무 크다.

극단적으로 예를 들어 국민주택 규모에 딱 걸치는 아파트 단지가 있다고 가정하자. 국민주택 규모에 들어가는 34평은 리모델링을 통해 40%까지 증축할 수 있으므로 리모델링하면 48평이 된다. 반면, 36평은 국민주택 규모를 넘어 30%까지 증축할 수 있으므로 리모델링하면 47평이 된다. 더 큰 평형임에도 불구하고 리모델링을 하면 작은 평형보다 더 작아진다. 이런 점 때문에 대형 평형 비율이 높은 단지일수록 거주민들의 리모델링 동의를 받기가 어렵다.

내력벽 철거가 리모델링의 미래를 결정한다

내력벽이란 건물 하중을 견디거나 분산하도록 만든 벽체이다. 이런 내력벽의 철거는 리모델링 관련하여 가장 뜨거운 이슈다. 수직증축 시 내력벽 철거를 허용하면 층수를 높이는 것과 동시에 아파트의 무게를 견디는 벽을 없애겠다는 말이다. 안전성이 매우 떨어진다. 그래서 수평증축보다 수평증축의 안전 진단이 까다롭다. 본래 2019년 말 국토부에서 결정을 내리기로 했지만 보류한 상태고, 올해에도 계속 내부적인 검토가 있을 예정이다. 만약 내력벽 철거가 가능해진다면 아파트 시장은 왕성한 리모델링의 시대가 열릴 것이다.

리모델링도 입지가 좋은 지역만 된다!

결국, 리모델링 투자는 기존 매매가가 비싼 지역을 노려야 한다. 공사비는 지역에 상관없이 동일하므로 매매가가 비쌀수록 원가 비중이 작다. 일반분양 물량을 통해 얻는 수익은 땅값에서 공사비, 인건비를 뺀 금액이기 때문이다. 그리고 소득이 높은 지역일수록 유리하다. 리모델링은 일반분양이 적어 거주민이 직접 부담하는 비용이 큰 사업이다. 소득이 낮은 지역은 동의율이 낮아 리모델링 사업에 소극적이다. 정리하면, 기존 매매가가 비싸고 거주민의 소득이 높은 지역을 찾아 투자하자!

리모델링 활성화를 위한 정부의 노력은 결실을 거둘까?

2021년에 재건축 연한을 채우는 아파트가 전국 27만 가구, 서울 3만 3,000가구다. 2022년에는 전국 38만1,000가구, 서울 4만7,000가구로 증가할 예정이다. 정부는 이런 아파트들의 리모델링 적극 참여를 유도하기 위해 '공동주택 리모델링 활성화를 위한 특별법'을 입법할 예정이다. 이번 특별법은 리모델링 관련 규정을 한군데로 모아 절차를 간소화하는 것이 핵심이다.

법이 제정되면 리모델링 사업의 대표적인 걸림돌이던 안전성 관련 심사 규정도 간단해질 것이다. 현재 총 4차례에 걸친 안전 진단으로 인해 수직증축에서 수평증축으로 선회했던 단지들이 사업성이 높은 수직증축으로 전환해 리모델링 활성화에 기여할 것으로 예상된다.

다만, 리모델링 사업성을 결정하는 내력벽 철거 허용 용역 결과가 계속 미뤄지고 있는 데다가, 만약 내력벽 철거가 불허될 경우 리모델링 사업은 한계에 부딪힐 수밖에 없을 것이다.

재개발해제 지역,
틈새시장을 노려라!

뉴스, 기사를 통해 시장의 흐름을 파악하라!

28년간 부동산 업계에 종사하며, 부동산 시장의 흐름을 보는 것의 중요성을 실감할 수 있었다. 부동산 시장의 흐름은 다양한 정보와 지표를 통해 파악할 수 있는데, 그중 가장 쉽게 정보를 얻을 수 있는 곳이 신문 기사나 뉴스다. 특정 지역, 매물을 추천하는 뉴스를 보고 투자하라는 말이 아니다. 부동산 관련된 뉴스들을 오랜 기간 꾸준하게 팔로우하고 수집해나가며 하나의 큰 흐름을 생각해보라는 이야기다.

2013.12.09.

쇠락하는 도심 재생으로 활로 찾자…바뀌는 도시 정비 패러다임

전면 철거식 재개발 한계, 주거환경 개선, 자생력 키워야
보상 갈등 사업성 악화로 뉴타운 지정 해제 잇따라

◇ 뉴타운 구역 지정 해제 봇물…전면 철거형 재개발 한계 봉착
◇ 비어가는 구도심, 쇠퇴하는 지방 중소도시
◇ 서울, 전주 등 지자체 도시재생 본격화

2019.04.10.

서울시, 낙후 동네에 6,000억 원 썼는데, "벽화만 남고 변화는 없다."

서울시는 도시재생으로 봉제산업과 낙후된 동네를 살리겠다는 구호 아래 창신·숭인 지역에 200억 원 이상의 예산을 투입했다. 하지만 5년이 지난 지금 지역민 대부분이 변화를 느끼지 못하면서 대표적인 도시재생 실패 사례로 꼽히고 있다.

주택산업연구원의 2017년 조사에 따르면 서울 전체 주택 수요의 74.3%는 아파트로 나타났다. 서울시민 4명 가운데 3명꼴로 아파트에 살고 싶다는데 도시재생은 저층 주거지만 늘려 주택 수급 불균형을 초래하고, 결과적으로 새 아파트를 중심으로 가격 상승을 유발하는 원인이 되는 셈이다.

먼저 2013년은 부동산 시장이 바닥을 뚫고 상승 추세로 접어드는 시점이었다. 당시에는 위 첫 번째 기사처럼 전면 철거식 재개발의 한계를 지적하고 도시재생 방향으로 도시 정비 사업이 변화하고 있다는 기사, 도시재생이 필요하다는 기사가 우후죽순 쏟아져 나왔다. 도시재생에 대해서 부정적으로 이야기하는 기사들은 하나도 없었다. 하지만 2019년 4월 기사를 보면, 도시재생 시범지역이었던 창신·숭인 뉴타운 지역의 실패를 대표 사례로 들며, 도시 재생 사업을 비판하고 있다.

2018.10.22.

서울 집값 급등 부른 '뉴타운 해제 7년'

2012년부터 추진한 '뉴타운 출구 전략' 7년 동안 서울시 내에서 절반이 넘는 재개발 정비구역이 해제(683곳 중 377곳 해제)

2018.10.22.

낙후한 강북개발 막은 뉴타운 해제…강남 14% 오를 때 노 · 도 · 강 5%

대안으로 저층 주거지 도시재생 추진으로 오히려 강남과 강북의 집값 격차 커졌다

위 기사는 2018년 도시재생 사업으로 인한 강남과 강북의 양극화 문제를 이야기하고 있다. 이미 이때부터 기사의 흐름이 도시재생 옹호에서 비판으로 바뀌고 있음을 알 수 있다.

2018.10.12.

장위14구역 – 주민들 투표로 재개발 유지 결정

찬성표 60%로 정비구역 유지 결정
재개발 사업 무산 위기까지 갔다가 되살아난 최초 사례

2019.03.06.

재개발 취소하면 市가 돈 대준다더니…

뉴타운 매몰 비용 지원 '공염불', 7년간 보조율은 16%에 불과

위의 장위14구역 관련 기사를 보면 서울시에서 재개발 사업 대신 도시 재생 사업을 추진하려고 했는데, 주민들이 투표를 통해 재개발 사업을 유지했음을 알 수 있다. 2019년 3월 기사는 재개발 사업을 취소하면 서울시에서 매몰 비용을 지원해주기로 하였으나, 지원이 잘 이루어지지 않는 현실을 지적하고 있다.

2019.04.30.

대법원 "서울시 사직2구역 직원해제 무효" 판결
대법원 판결, 역사·문화적 가치 보전이라는 사유는 재개발 추진과 직접적 관계 없다
사직2구역과 유사한 이유로 직권 해제된 정비구역의 줄소송이 이어질 전망

2019년 4월 기사는 서울시가 직권 해제한 사직2구역 재개발 사업과 관련하여 조합원 측이 승소했다고 전했다. 재개발 사업을 재시행하기로 결정된 것이다. 더불어 사직2구역처럼 직권 해제된 정비구역이 재개발 사업 재시행을 위해 소송까지 갈 것으로 전망하고 있다.

위 기사들을 쭉 보면, 2018년 들어 지속해서 도시재생 사업에 대한 비판적인 기사, 재개발 사업 재추진 방향의 기사들이 나오고 있다. 2013년과는 상반된 흐름이 보인다.

"투자자는 이 흐름을 잘 파악하고, 흐름에 맞춰 투자해야 한다."

앞서 여러 기사를 통해, 도시재생 사업, 재개발 사업의 흐름을 살펴 보았다. 이 흐름을 토대로 해제지역이 재개발 재추진, 가로주택정비사 업 추진, 두 방향 중 어떤 방향으로 가게 될 것이고, 투자자는 어떻게 투 자해야 할까?

서울시가 재개발 사업을 제한하고 도시재생 사업을 권장, 추진해 왔 으나, 이에 대한 효과는 제대로 보지 못하고 있다. 그리고 해당 지역 주 민들이 도시재생 사업보다는 재개발 사업을 원하고 있다. 앞서 사직2구 역처럼 재개발 사업이 해제되었으나 다시 재개발 사업을 재추진하는 지 역들이 나올 것이라고 예상할 수 있다.

서울시 재개발 해제지역을 눈여겨보자!
변화가 생기는 곳은 무조건 오른다

기존에 재개발이 진행 중인 지역들은 이미 많이 올랐고, 프리미엄도 수억 원 이상 책정되어 있다. 물론 자금의 여유가 있다면 들어가면 된 다. 하지만 모든 투자의 기본 원칙은 최소의 비용으로 최대의 이익을 내 는 것이기 때문에 이미 재개발이 진행 중인 지역보다는 재개발 재추진 이 유망한 해제지역들을 살펴봐야 한다.

물론 이 해제지역들의 재개발 사업 재추진이 이뤄지지 않으면 어떻 게 하느냐고 되묻는 사람도 분명 있을 것이다. 하지만 이 해제지역은 재 개발 재추진 또는 가로주택정비사업 둘 중 하나는 무조건 시행된다. 물 론 재개발 재추진 방향이 투자 가치가 높지만, 가로주택정비사업을 한다고 해도 투자자 입장에서 잃을 것이 없다. 낙후된 지역은 어떤 형태로 든 변화가 생기기 마련이고, 변화는 가격을 밀어 올린다. 낙후지역에 가 로주택정비사업을 통해 15층 아파트가 소규모로 들어온다고 할지라도 가격은 오른다. 그리고 현재 흐름은 재개발 사업이 재추진될 확률이 가 로주택정비사업이 시행될 확률보다 높기 때문에 투자 가치가 충분하고 안정성이 보장된다.

발표-착공-개통의 법칙을 기억하라!

재개발 사업에도 함정은 있다. 재개발이 좋은 투자 기회인 것도 알 고, 확실히 오른다는 것도 아는데, 10년, 15년 걸리는 재개발 사업이 지 나치게 장기적인 관점의 투자라고 생각하는 투자자가 많다는 점이다. 심지어 전문가들도 이 10년, 15년이라는 기간의 함정에 빠지기 쉽다.

하지만 부동산 투자자는 직접 들어가 살고자 하는 거주자 관점으로 투자하는 것이 아니다. 재개발 지역의 준공을 목적으로 투자하는 것이 아니라는 말이다. 아무것도 없는 지역에 개발 계획만 생겨도 가격이 뛴 다. 이것이 바로 투자다. 공사가 진행되지 않아도, 발표만 이루어져도, 가격이 오른다는 것이다. 역세권 투자에 관해 설명하며 말했듯 투자자 는 계획 발표 시점과 착공 시점을 보고 투자해야 한다.

빌라 투자, 성공할 수 있을까?

투자재로서 주목받기 시작한 빌라

최근 빌라 투자에 관심 가지는 투자자들이 많아지고 있다. 빌라는 2000년 이전까지만 해도 단순 거주의 개념이었고, 사고 나면 가격이 떨어진다는 고정관념이 강했다. 하지만, 2000년 이후부터 투자재(投資材)로서 주목받기 시작했는데, 모든 빌라가 투자 가치가 있는지는 고민해봐야 한다.

우리나라 건축법에는 빌라라는 용어가 없다. 통상 빌라라고 부르는 건물은 건축법상 다세대주택 또는 연립주택을 말한다. 연면적(延面積)이 660㎡를 초과하면 연립주택으로 구분하고 그 이하면 다세대주택으로 구분하는데, 이 둘을 합쳐 빌라라고 부른다.

◆ **강남권 빌라 수요의 원인**

구분	내용
자녀의 교육	높은 교육열로 많은 학군 수요 존재 아파트는 이미 비싼 가격을 형성하고 있어 빌라로 유입
양질의 직장	강남 3구, 서울에서 가장 많은 일자리 수요 존재 '직주근접(職住近接)'으로 인한 매매가 상승

　　빌라 투자는 지역에 따라 강남권(강남, 서초, 송파)과 비강남권으로 나눌 수 있다. 먼저 강남권은 개발 가능성은 없지만, 양질의 직장이 많고, 학군이 좋으며, 아파트가 워낙 비싸기 때문에 저렴한 오피스텔, 빌라에 대한 수요가 많아지고 있다. 공급은 부족한데 수요가 많아지고 있어 강남권 빌라도 가격이 상승할 가능성이 있다.

　　비강남권에서 빌라 투자를 하려면 무조건 개발 가능성이 있는 지역에 투자해야 한다. 노후도가 적어도 60% 이상으로 노후가 심각한 지역에 투자해야 한다. 한 지역에 100세대가 있다면 60채 이상이 20년 연한 이상인 지역을 가리킨다. 비강남권 빌라 투자는 여전히 실거주 개념이기 때문에 재개발과 같은 직접적인 변화가 있는 지역만 투자 가치가 있다.

빌라 투자도 결국은 수요와 공급의 법칙을 따른다

　　빌라 투자에서도 똑같이 적용되는 몇 가지 절대 법칙이 있다. 수요와 공급의 법칙이다. 수요는 많고 공급은 적은 지역에 투자해야 한다. 또한 역세권일수록 가치가 상승할 가능성이 높다. 강남권 빌라에 투자할 때에는 공급 부족으로 인한 매매가 상승을 노리는 방식으로 접근하고, 주변에 간접적인 호재가 있는 지역에 투자해야 한다. 비강남권 빌라에 투자할 때에는 노후된 재개발 가능 지역의 빌라만 투자 대상으로 고려해야 한다. 개발 가능성이 없는 지역은 오로지 실거주용으로만 거래되기 때문에 투자해도 수익을 기대하기 어렵다.

PART

2

시장과 정부의
줄다리기

저자 소개

한정훈 미래가치투자연구소 대표(소장)

경력 및 전문분야
- 21세기경제학연구소 자문위원
- 한국경제신문 부동산 칼럼니스트
- 한국경제TV '한정훈의 부동산 카페' 진행
- 한국경제TV, KBS '오늘아침', OBS 등 각종 방송 출연
- 대학, 공기업, 대기업 등 다수 강연

- 저서
  《응답하라 위기의 부동산》 (2016년)

- 부동산 음반 '사자송' 발매
- 유튜브 '한정훈의 부동산 부자공식' 운영

CHAPTER 1
정책을 파악하면
투자의 길이 보인다

과거는 부동산 투자의 거울

부동산 시장은 매우 빠르게 변화한다. 투자자는 빠른 변화에 대응하기 위해 미래를 예측하고 전망하는 데 힘을 쏟지만, 과거는 간과하기 쉽다. 하지만 부동산 시장에서 변화에 대응하고 미래를 예측하기 위해 과거의 시장을 돌아보는 일 또한 중요하다. 과거의 시장에서 어떤 사건이 있었고 그로 인해 시장에 어떤 변화가 있었는지 살펴보자.

◆ 과거 서울 아파트 매매지수 및 전세가비율 그래프

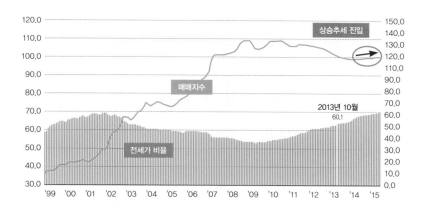

CHAPTER 1. 정책을 파악하면 투자의 길이 보인다

경기 침체 이후 좀처럼 반등하지 못하던 부동산 시장은 2013년 10월부터 본격적인 상승 추세로 돌아섰다. 부동산 시장이 바닥에서부터 상승할 때는 전세가가 먼저 상승하고, 전세가 상승이 매매가를 끌어올리는데, 그 상승 시점이 전세가가 매매가의 60%대에 이르는 시점이다. 그리고 10월이 딱 그 시점이었다. 하지만 대부분의 투자자가 더 떨어질 것을 걱정하여 투자에 소극적이었다.

2013년 10월부터 상승하기 시작한 부동산 시장을 그냥 두고 볼 수 없었던 정부는 2016년 11월 3일, 첫 규제책을 내놓았다. 이 규제책을 통해 처음으로 '조정대상지역'이란 용어가 등장했다. 많은 부동산 전문가가 조정대상지역은 규제가 있으니, 규제가 없는 지역에 투자해야 한다고 전망했다. 하지만 규제로 인한 여파는 일시적이었고, 다음 해 3월부터 강남권 아파트를 중심으로 부동산 시장은 다시 상승하기 시작했다. 규제가 없는 지역보다 규제가 더 많은 강남권을 중심으로 더 많이 오른 것이다.

그 후 공급 과잉, 미국발 금리 인상, 대출 규제의 3대 악재로 인해 부동산 시장이 다시 침체할 것이라는 전망이 많아졌고, 대부분 투자자가 이에 위축되면서 관망세를 유지했다. 하지만, 시장은 보란 듯이 다시 상승했고 지켜보고 있던 매수자들은 매수 타이밍을 놓칠 수밖에 없었다. 2017년 8월 2일, 아파트를 포함한 모든 주택의 수요와 공급을 억제하는 규제책인 8·2대책이 발표됐지만, 몇 개월간 규제 효과가 있었을 뿐 2018년이 되자 더 많이 상승했다. 마찬가지로 역대급 대책이라던 9·13대책의 효과도 6개월을 넘기지 못했다.

시장이 상승 추세일 때는 '잔파도'가 아닌 '큰 파도'를 봐야 한다

그러면 비교적 최근의 시장 흐름은 어떨까? 좀 더 최근의 흐름을 이해하기 위해 2013년부터 이어져 온 글로벌 경기의 오르내림을 살펴보자. 2013년 금융위기 이후, 미국 경제가 회복되면서 전 세계에 약 10조 달러가 넘는 돈이 풀렸다. 이처럼 막대한 유동성은 2013년 말부터 글로벌 주택시장이 바닥을 탈출하는 원동력이 되었다. 그러다가 2015년 12월 미국은 양적 완화 정책을 종료하고 긴축 정책으로 전환하며 금리를 인상했고, 3년 동안 시중의 유동성을 흡수했다. 그리고 2019년 들어 글로벌 경기가 둔화하자 미국을 포함한 선진국, 신흥국 모두가 다시 양적 완화 정책으로 전환했다.

우리나라의 경우에 단기부동자금이 1,200조 원에 달할 만큼 유동성이 확대되어 있었지만, 경제 상황이 나아지지 않자 2020년 3월 16일, 기준금리를 1.25%에서 0.5%p가 하락한 0.75%로 조정했다. 결국, 향후 몇 년간은 유동성이 더욱 확대되고, 부동산 시장도 더 상승할 것으로 예상된다.

정부의 진단과 처방이 모두 잘못되었다

8·2대책, 9·13대책 등 역대급 대책이 나왔음에도 불구하고 부동산 시장은 상승을 거듭하고 있다. 왜 정책은 시장을 못 잡을까? 정부는 부

동산 시장의 상승을 막기 위해 집값의 상승 폭을 제한하려고 한다. 하지만 부동산 시장도 결국은 시장의 원칙을 따르므로 수요와 공급으로 문제를 풀어야 한다. 공급이 없어서 가격이 상승하는 상황이라면, 공급을 늘림으로써 가격의 안정을 꾀해야 하지 않겠는가?

과거의 시장 흐름과 비교하면, 올해도 2019년과 같이 부동산 시장은 지역적 차이는 있겠지만 상승 추세를 유지할 것이고, 2021년에는 최고점에 이를 것으로 예상된다. 특히 공급 물량이 턱없이 줄어드는 서울은 더 많이 오를 것이다. 물론 코로나19라는 변수가 전 세계 경제를 위협하고 있어 부동산 시장도 변수가 생겼지만, 유동성이라는 큰 무기가 부동산 시장을 받치는 한 일시적인 하락은 있을지언정 장기적인 하락은 일어나지 않는다. 과거의 시장 흐름을 되짚어보고 현재와 미래의 대응책을 세우는 것도 좋은 전략이 될 수 있다.

"투자자는 과거의 역사적 사실을 인식하고 같은 실수를 범하지 말아야 한다."

시대에 역행하는 부동산 정책

규제, 규제, 또 규제의 연속이다. 작년 11월, 참여정부 시절에 처음 도입됐던 분양가 상한제가 부활했다.

◆ **분양가 상한제란?**

주택을 분양할 때 건축비와 택지비 그리고 건설업체의 이윤을 보탠 분양가격을 산정하여 그 가격 이하로 분양하도록 제한하는 제도

◆ **분양가 상한제 적용 기준** (2019년 10월 개정 기준)

투기과열지구 내에 분양하는 주택으로서 아래 ①, ②, ③ 중 하나라도 해당하는 경우
① 분양가격 : 12개월 평균 분양가격 상승률이 물가상승률의 2배 초과
② 청약경쟁률 : 직전 2개월 동안 일반분양 5대1 초과 또는 국민주택규모 10대1 초과
③ 거래량 : 3개월 주택거래량이 전년 동기 대비 20% 이상 증가

투자자는 이를 어떻게 받아들이고 대처해야 할까? 결론부터 말하면, 커다란 후폭풍이 올 것이고 또 다른 기회가 오고 있다는 신호라고 할 수 있다.

◆ 정부의 인식과 시장의 반응 차이

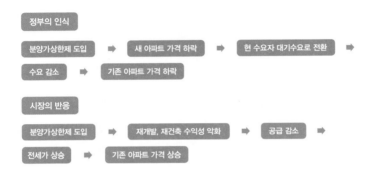

먼저 분양가 상한제를 도입한 정부의 인식과 이에 대응하는 시장의 반응을 살펴보자. 두 진영이 큰 차이를 보인다. 정부에서는 분양가 상한제를 도입해 새 아파트의 가격을 제한하고자 했다. 분양가 상한제를 적용받는 신축 아파트가 공급될 예정이고, 당장 아파트를 사려고 했던 수요가 이 저렴한 신축 아파트를 기다리면서 대기수요로 전환한다. 수요가 감소하므로 기존 아파트 가격도 하락할 거라는 게 정부의 인식이다.

하지만 시장은 반대의 반응을 보인다. 분양가 상한제를 시행하면 분양가를 제한받기 때문에 재개발·재건축의 수익성이 낮아진다. 건설사는 재개발·재건축 사업에 소극적일 수밖에 없고 재개발·재건축 사업이 줄어든다. 서울 공급 물량의 80%를 차지하는 재개발·재건축이 줄어들면 공급이 감소하고 내 집 장만을 바라는 무주택자들은 청약을 통한 로또 당첨을 기대하며 전세수요로 돌아서 전세로 거주하게 된다. 전세수요가 늘어나면 전세가가 상승하고, 전세가 상승은 매매가를 상승시킨다. 분양가 상한제는 오히려 집값을 상승시키는 정책이 되어버렸다.

"분양가 상한제에 대한 시장의 반응이 정부의 의도와는 정반대로 흘러가고 있다."

정부가 고심 끝에 내놓은 3기 신도시 사업 대상 지역도 서울을 대체하기는 어려울 것으로 보인다. 서울의 주택수요는 서울 주택을 향한 것인데, 그 수요를 서울 밖에서 흡수하겠다는 발상부터 어불성설이다. 더불어 서울 내부에 공급은 없는 상황에서 기존의 서울 아파트 167만 가구 중 1/3이 건축 연한 30년 차인 노후주택이라는 점도 신축 아파트 수요를 늘리고 있는 요인이다. 공급은 부족한데 수요는 계속 늘어나고 있는 시장의 상황에도 정부가 분양가 상한제와 같은 반(反)시장 정책을 밀어붙이는 이유는 무엇일까?

지지층을 의식한 정치적인 논리라고 볼 수 있다. 부작용이 많더라도 포기하기 쉽지 않은 이유다. 하지만 이런 반시장 정책에도 시장은 어떤 형태로든 대응하고 정책대로 움직이지 않을 것이다. 분양가 상한제가 처음 도입됐던 참여정부 시절에도 그랬고 현재도 정부의 뜻대로 흘러가고 있지 않은 상황이다.

금리 인하는 부동산 가격을 높인다

◆ 금리에 따른 전세가 변화

| 전세 수요 증가 | ➡ | 이자 수익 감소 | ➡ | 집주인 : 전세를 월세로 전환 또는 전세금을 올린다. | ➡ |
| 전세 수요 증가 | ➡ | 전세 공급 감소 | ➡ | 전세가 상승 | ➡ | 매매가 상승 |

즉, 시중금리가 오르면 전세가 안정, 시중금리 내리면 전세가 상승한다는 얘기

　직접적인 부동산 정책은 아니지만, 부동산 시장에 큰 영향을 주는 요소가 있다. 바로 금리다. 2020년 3월 미국이 마이너스 금리 시대에 돌입했고, 우리나라는 기준금리를 1.25%에서 0.5%p 하락한 0.75%로 조정했다. 앞서 설명했듯이 금리를 낮추는 경우 유동성이 커지고 인플레이션 현상이 일어나며, 더 나아가 전세 공급 감소로 인해 전세가가 상승할 것으로 예상된다. 전세가가 지속해서 오르면 전세수요가 매매수요로 전환될 가능성이 높다. 결국, 매매가도 상승하며 집값이 전체적으로 오르는 상황이 올 것이다.

정책이 바뀌지 않는 한 집값은 오를 수밖에 없다

　결국, 공급 물량은 부족하고 수요는 넘치는데, 금리 인하와 같은 추가적인 요인들로 인해 부동산 가격이 급등하는 상황이다. 그런데도 정부는 여전히 서울에 새집을 지으면 돈 있는 부자만 좋은 일이고 서민에게 돌아갈 집이 없을 거라는 스탠스를 취하며 공급을 제한하고 있다. 정부의 논리는 주택 총량이 한정되어 있을 때는 맞지만, 제한 없이 주택이 많아지면 누구나 집을 마련할 기회가 많아진다. 정부가 주택의 가격을 낮추거나 수요를 제한하려 할 게 아니라 공급을 늘려야 할 시점이다.

"기회는 준비하는 자에게만 온다.
 정책의 부작용으로 인해 집값이 오르고 있다. 시장의 상황을 잘 파악하고 기회를 포착해 투자하자."

시장의 힘이 규제를 누른다

현재 대한민국 부동산 시장은 규제책이 나오면 일시적으로 주춤하다가 다시 상승을 반복하는 상승 추세를 타고 있다. 9 · 13대책과 관련해서 규제에 따른 추세의 변화를 자세히 살펴보자.

뉴스 기사

아파트값 다시 꿈틀⋯9 · 13대책 1년 "약발 다했나"

초강력 주택대출 규제, 다주택자 종합부동산 중과, 3기 신도시 공급 등 세금 · 대출 · 공급 방안을 망라하여 부동산 규제의 '끝판왕'으로 불렸던 9 · 13대책 효과는 9개월에 불과했다위 기사는 역대급 부동산 대책이자 부동산 규제의 끝판왕으로 불렸던 9·13대책의 효과가 다했다는 기사다. 투자자는 모든 지표를 객관적으로 볼 필요성이 있다. 강도 높은 대책의 효과가 9개월에 불과했다는 점에 주목해야 한다는 이야기다.

◆ 9·13대책 전후 서울 아파트 거래량

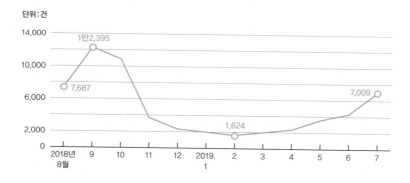

자료 출처 : 한국감정원

9·13대책 전후 서울 아파트 거래량 변화를 기록한 그래프를 살펴보자. 대책이 발표된 2018년 9월을 기점으로 거래량이 큰 폭으로 하락했다. 그리고 다음 해 2월 바닥을 찍고 천천히 상승하더니 5월 4,388건, 6월 6,917건, 7월 7,009건을 기록하며 또렷한 상승 흐름으로 전환됐다. 사족이긴 하지만, 2019년 8월에 분양가 상한제가 발표되지 않았더라면 계속 상승 흐름을 탔을 것이다. 거래량이 늘어난 이유는 결국 시장이 상승 추세이기 때문이다. 규제의 효과는 단기간에 불과하고 시장은 최종적으로 추세에 따라 움직인다.

"지속적인 정부의 규제책에도 시장은 어김없이 상승한다."

뉴스 기사

이사 철에 전·월세 들썩이는데…정부 정책이 기름 붓나

가을 이사 철에 접어들며 높아진 매매가에 전셋값이 12주 연속 상승 中
전·월세 계약기간을 현재 2년에서 4년(최장 6년)으로 늘리는 방안 추
진 예정

비슷한 시기의 뉴스 기사를 살펴보면, 이사 철에 접어들며 매매가와
전세가가 모두 오르자 정부에서 전·월세 계약기간을 2년에서 4년, 최
장 6년까지 넓히는 방안을 추진 중이었음을 알 수 있다. 당시 전세가가
꿈틀대는 이유는 무엇이었을까? 첫 번째, 기존의 양도세 중과와 임대사
업자 등록 등으로 인해 매물이 묶여 시장에 나올 수 없는 상태였다. 두
번째, 분양가 상한제로 인해 로또 청약 기대감에 전세 상태로 기다리고
자 하는 대기수요가 많아졌다. 또 정부의 임대차계약갱신 청구권 추진
소식이 들리자 기존의 임대인들이 임대료를 미리미리 올리고 있었기 때
문이다.

부동산 시장의 미래를 예측하기 위해서는 과거를 돌아볼 필요가 있
다고 앞서 설명한 바 있다. 과거에도 비슷한 정책이 나올 때마다 어김없
이 전세가가 상승했다. 1989년 전세 임대차기간을 1년에서 2년으로 연
장하자 서울의 전세가가 23.7%나 상승했고, 1990년에는 16.2%가 상승

했다. 전세 물량이 부족해서 발생한 문제를 공급이 아닌 다른 것으로 해결하려고 하자 오히려 역효과가 난 것이다.

◆ 서울 전세수급지수 그래프

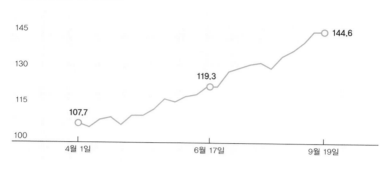

자료 출처:KB부동산

당시 서울의 전세수급지수를 보자. 전세수급지수는 100을 기준으로 이보다 높으면 공급이 부족하다는 의미고 낮으면 공급이 많다는 의미다. 2017년 11월 이후 100을 밑돌던 수급지수가 2019년 3월 들어서 100을 넘어서 급상승하고 있다. 당시 전세 물량이 수요에 비해 훨씬 부족했음을 알 수 있다. 결국, 전세가는 상승했고, 전세가 상승은 매매가를 끌어올렸다. 9 · 13대책의 효과도 9개월, 엄밀히 말하면 6개월밖에 지속되지 못했고, 전세가를 잡기 위한 정책도 제대로 효과를 보지 못했다.

"투자자는 정부의 대책. 정책에 일희일비하지 말아야 한다."

규제의 효과는 단기적이고 시장은 추세에 의해 움직인다. 8 · 2대책과 9 · 13대책은 강한 규제였기 때문에 효과가 조금 더 오래 갔을 뿐이다. 단기간의 가격 등락을 보지 말고 미래에 어떻게 바뀌는가를 잘 살펴보아야 할 것이다.

가격이 떨어지면 산다? 부동산의 하방경직성을 이해하면 답이 나온다

◆ 부동산의 하방경직성이란?

32평형, 1,000세대 매매가 10억 원	A단지	5가구 정도가 9억 원에 매매되었다면 이 단지의 시세는 9억 원일까?
	B단지	5가구 정도가 11억 원에 매매되었다면 이 단지의 시세는 11억 원일까?

1부에서 알아본 하방경직성과 상방경직성이라는 것을 한 번 더 이해하고 들어가자. 하방경직성은 밑으로 내려가지 않으려는 성질이고, 상방경직성은 위로 올라가지 않으려는 성질이다. 대표적으로 금리는 상방경직성을 가지고 있고, 부동산은 하방경직성을 가지고 있다. 이 개념을 잘 생각하면서 위 표의 두 단지를 비교해보자.

A단지의 경우, 5가구가 9억 원에 매매되었다고 해도 나머지 995세대는 다시 10억 원에 팔려고 할 것이다. 시세는 10억 원이 유지된다. 반면, B단지의 경우 5가구가 11억 원에 팔렸다면 나머지 세대도 11억 원에 올려놓을 것이다. 시세가 11억 원으로 올라가는 셈이다.

그런데 뉴스와 신문에서는 A단지의 매매 사례를 들며 마치 시세가 큰 폭으로 떨어진 것처럼 기사가 나온다. 부동산의 하방경직성을 잘 이해하고 있다면 이런 폭락론과 같은 기사에 흔들리지 않을 수 있다.

전세가 상승은 곧 매매가 상승이다

앞으로도 전세가는 상승할 예정이고 전세가 상승은 매매가를 끌어올리고, 신축의 상승세는 구축(舊築)의 가격을 밀어 올린다. 이런 부동산 시장의 전체적인 상승 흐름은 내년까지도 유지될 거라고 본다. 하지만 특별한 호재가 없거나, 입지가 좋지 않은 지역은 별로 오르지 않기 때문에 지역 간의 가격 차이, 지역 간 차별화는 더 커질 것이다.

결국, 새집을 공급할 유일한 방법인 재개발, 재건축 지역과 양질의 일자리가 많은 지역, 교통망, 학군 등의 입지가 좋고, 호재가 있는 지역이 상승 폭이 클 것이다. 투자자는 이러한 지역을 찾아내고 투자해야 할 것이다.

CHAPTER 2
시장 vs 정책 승자는 누구인가?

속전속결 12 · 16대책

    지난해 12월 16일 발표된 12 · 16대책은 많은 부동산 관련 전문가조차도 예상하지 못한 갑작스러운 발표였다.

뉴스 기사

---

12 · 16대책 발표 하루 만에 서울 주택시장 패닉 상태 빠져…

"갑작스러운 대책 발표로 시장은 혼란"
"대출 규제로 인한 집값 하락은 불가피"
"이럴수록 똘똘한 한 채의 선호도는 더욱 커질 것"

    위 기사는 12 · 16대책이 발표되고 며칠 지나지 않아 나온 기사다.

예상하지 못했던 정책 발표였던 만큼 시장의 혼란도 컸다. 대책은 한마디로 '대출 규제, 세금 폭탄(세수 확대)으로 집값 잡겠다'라고 요약할 수 있다.

대출 규제의 일환으로 시가 15억 원을 초과하는 초고가 아파트의 대출을 전면 금지했다. 그리고 시가 9억 원을 초과하는 고가 아파트는 담보인정비율(LTV)을 차등 적용하겠다고 발표했다.

◆ **주택담보인정비율(LTV)이란?**

주택담보대출을 받을 때, 주택 가격의 몇 퍼센트까지 융자받을 수 있는지를 지표로 나타낸 것. 주택의 담보가치와 비교한 대출금액 비율로 주택을 담보로 빌릴 수 있는 대출 가능 한도를 의미한다.

$$LTV = \frac{주택담보대출금액 + 선순위채권 + 임차보증금 \text{ 및 } 최우선변제 \text{ } 소액임차보증금}{담보 \text{ } 가치} \times 100$$

만약 9억 원이 넘어가는 12억 원대 아파트를 산다고 가정하면, 9억 원까지는 40%의 LTV를 적용하고 나머지 3억 원에 대해서는 20%의 LTV를 차등 적용한다. 더불어 고가 아파트 가격 기준을 공시가격이 아닌 시가를 기준으로 적용한다고도 발표했다.

대출 규제의 최대 피해자는 대출이 시급한 실수요자다

이 대출 규제의 가장 큰 피해자는 누구일까? 당연히 당장 대출이 필요한 실수요자다. 상위 지역으로 갈아타기를 하려는 1주택자가 대표적이다. 정부는 무분별한 투기, 투자를 막기 위해 대출을 막았지만, 실상은 조금 다르다. 아파트 투자의 대부분은 대출이 아닌 전세를 끼고 이루어지기 때문에 투자자들은 크게 타격받지 않을 것이다. 오히려 거주를 바라는 실수요자에게 큰 타격을 줄 것으로 예상된다.

규제의 사각 지역은 풍선효과를 받는다

◆ 풍선효과(Balloon Effect)란?

어떤 문제를 해결하면 다른 문제가 불거지는 현상. 마치 풍선을 누르면 다른 쪽이 부풀어 오르는 모습과 비슷하여 생긴 표현.

◆ 부동산 풍선효과란?

정부의 부동산 규제로 막힌 수요 흐름이 다른 곳으로 이전하여 다른 지역의 가격이 상승하는 현상

대출 규제의 영향을 받지 않는 구간은 9억 원 이하의 아파트다. 결국, 9억 원 이하의 아파트들이 9억 원까지 천천히 오를 것으로 예상된다. 규제로 인한 '풍선효과'다. 물론 모든 곳의 9억 원 이하 아파트가 풍선효과를 받는 것은 아니다. 역세권, 학군 등 입지가 좋거나 개발 호재가 있는 곳의 아파트들이 풍선효과를 받아 지역에 따른 차별화가 발생할 것으로 보인다.

과거 시장에도 풍선효과는 있었다

풍선효과를 예상하는 이유는 과거에 종부세가 시장에 끼친 영향을 보면 이해하기 쉽다. 종부세는 참여정부 시절인 2005년 처음 도입되었다. 당시 종부세 기준을 6억 원 초과로 지정하자 6억 원 이하의 매물들이 풍선효과를 받아 가격이 크게 뛰었었다. 노원구, 도봉구, 강북구 이른바, '노·도·강'이라고 부르는 지역이 대표적이다.

다음으로 세금 폭탄, 세수 확대에 대한 내용을 보면, 종부세 세율은 1주택자도 포함하고 다주택자는 더 큰 폭의 세율을 적용한다. 그리고 조정대상지역 내 2주택 보유자의 종부세 세 부담 상환율을 200%~300%까지 확대한다. 강력한 세금 강화 정책이다. 더불어 공시지가를 현실화하고, 보유세 부담을 증가시키겠다고 발표했다.

허울뿐인 공급대책

하지만 공급대책도 딱 하나 포함되어 있긴 했다. 올 6월까지 유예기간을 주고 다주택자에게 한시적으로 양도세 중과를 배제하고 장기보유특별공제를 적용하기로 했다. 내용만 보면 굉장히 효율적인 정책으로 보이지만, 조정지역 내 10년 이상 보유한 주택만 해당한다. 그런 주택이 얼마나 될까를 생각해보면 그리 효과적인 정책이라고 보기는 어렵다. 상당수는 이미 임대사업 등록을 완료했고, (임대사업 등록 시 5년간 매물로 등록 불가) 10년 이상 보유한 주택 수 자체도 워낙 적기 때문이다.

집값을 안정시킬 정도의 매물이 풀리기는 어려워 보인다.

12·16대책도 시장의 상승 추세를 막지는 못했다

서울, 그중에서도 강남권은 아무나 못 들어가는 특수 지역, 초고가 지역이다. 여전히 현금을 많이 보유하고 있는 부자들만 강남권 진입이 가능하고, 서민은 서울에서 집을 사기가 더 힘들어졌다.

다만, 단기간 조정국면에 접어들며 투자 수요가 위축됐을 뿐이다. 위축된 투자 수요 일부는 규제의 영향을 받지 않는 수익형 부동산으로 흘러 들어갈 것으로 예상된다. 결국, 12·16대책도 집값 상승의 근본적인 원인인 공급 부족을 해결하지 못했다. 공급 없이 수요를 억제하는 규제책은 효과가 제한적이고, 시장은 일시적인 조정을 거쳐 다시 우상향할 것이다.

"상승과 하락은 부양책, 규제책이 아닌 추세가 결정한다."

투자자는 갈팡질팡해서는 안 된다. 단기간 영향에 흔들리지 않는 냉정한 판단력이 필요하다.

풍선효과는 계속될까?

이전 장에서 살펴본 12 · 16대책의 대출 규제로 인한 풍선효과에 대해 조금 자세히 알아보자.

◆ 12 · 16대책 투기 및 투기과열지구 대출 규제 상세 내용

구분	내용
15억 원 이상	무조건 대출 규제
15억 원 미만 9억 원 초과	9억 원까지 LTV 40%, 9억 원 초과분에 대해서는 LTV 20% 적용
9억 원 이하	LTV 40% 적용

15억 원 이상 매물에 대해서는 무주택자든 다주택자든 구별하지 않

고 대출을 규제하고 있다. 15억 원 미만 9억 원 초과 매물은 조금 복잡하다. 9억 원까지는 LTV 40%를 그대로 적용하고 9억 원 초과분에 대해서는 반을 줄여 LTV 20%만 적용하여 대출을 허용하고 있다. 9억 원 이하 매물은 기존처럼 LTV 40%를 적용한다. 9억 원 이하는 대출 규제가 강화되지 않았다.

이렇다 보니 대출에 유리한 9억 원 이하 매물들이 풍선효과를 받고 있다. 대표적으로 수도권 비규제지역과 서울 중심부의 9억 원 이하 아파트로 수요가 몰리고 있는 것이다.

뉴스 기사

수도권 비규제지역 · 서울 9억 이하 아파트 '이상 과열'…규제 비켜간 곳

"문재인 대통령은 신년 기자간담회에서 풍선효과를 예의주시하고 언제든 보완책을 내놓을 것이라고 말한 바 있다."

비규제지역 및 중저가 아파트에 대한 규제가 나올 가능성이 있음을 시사

위 기사를 보면, 풍선효과가 지속될 경우에 정부가 새로운 규제책을 내놓을 가능성이 있어 보인다. 참여정부 시절 노 · 도 · 강 지역에 풍선효과가 생겼을 때와 매우 유사하다.

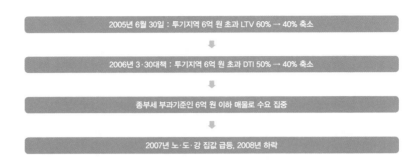

◆ 참여정부 시절 노·도·강 지역 풍선효과 발생 경과

2005년 6월 30일 : 투기지역 6억 원 초과 LTV 60% → 40% 축소

2006년 3·30대책 : 투기지역 6억 원 초과 DTI 50% → 40% 축소

종부세 부과기준인 6억 원 이하 매물로 수요 집중

2007년 노·도·강 집값 급등, 2008년 하락

참여정부 시절 노·도·강 지역은 투자자들에게 그다지 주목받지 못했다. 하지만 정부가 대출 규제 정책을 내놓자 이 지역이 풍선효과를 받아 수요가 집중됐고 가격이 많이 상승했다. 최고점을 찍고, 1년이 지나서야 풍선효과가 빠지면서 가격이 하락했다.

"즉, 풍선효과는 꾸준하지 않고 단기간 지속된다."

특정 지역에 왜 규제가 있는지, 왜 규제가 없는지를 생각해봐야 한다. 규제가 있는 지역은 애초에 수요가 많고, 규제가 없는 지역은 수요가 적고 특별한 호재가 없는 지역이라고 거꾸로 생각해볼 수 있다. 다만, 규제로 인해 비규제지역으로 수요와 유동성이 이동하면서 단기간 풍선효과가 생기는 것이다.

"시간이 지나면 결국 수요가 많은 곳으로 유동성이 흘러가게 되어 있다."

　사람들은 왜 강남권에 투자하려고 할까? 공급이 부족하면 가격이 오를 수밖에 없다. 그중에서도 강남은 이미 공급이 부족한 상황에서 재건축, 재개발이 규제받고 있기 때문에 앞으로도 공급이 부족할 게 눈에 뻔히 보이기 때문이다. 또 강남은 서울 내에서도 교통, 교육, 직장 등 각종 인프라가 가장 잘 갖춰져 있다는 점도 수요가 집중되는 이유 중 하나다.

　주택시장의 차별화는 더욱 심해질 수밖에 없다. 많이 오르는 곳, 적게 오르는 곳, 안 오르는 곳으로 나눠진다. 정부의 정책이 공급 확대 방향으로 전환되지 않으면 차별화는 가속화될 것이다.

　"투자자는 오를 수 있는 이유가 확실한 곳으로 투자해야 한다. 교통, 일자리 등 변화가 생기는 곳에 투자하자! 변화의 크기가 클수록 투자 이익도 커진다. 현재가치보다 미래가치를 보고 투자하자."

투기와의 전쟁,
시장의 악재에도 기회는 온다

문재인 대통령 2020년 신년사 中

"부동산 시장의 안정, 실수요자 보호, 투기 억제에 대한 정부의 의지는 확고하다"
"부동산 투기와의 전쟁에서 결코 지지 않을 것"

2020년 신년사에서 문재인 대통령은 부동산 투기와의 전쟁에서 정부가 절대 지지 않을 것이라고 밝혔다. 집값 상승 원인이 단기간의 시세 차익을 노리는 투기 세력의 움직임에 있다고 보고 강력히 대응하겠다는 정부의 메시지다. 정부의 말처럼 서울이라는 1,000만 명이 사는 도시에 투기꾼들이 마구잡이로 집을 사서 집값이 오른 것일까? 그렇지 않다. 물론 투기 세력이 어느 한 지역의 집값을 뻥튀기하는 경우가 있다. 하지만, 서울 전체를 투기 세력이 뻥튀기한다고 보는 것은 너무 좁은 시야로 부동산 시장을 바라본 결과다. 집값 상승의 근본적인 원인은 투기 세력이 아닌 공급 부족에 있다.

MBC, 2019.11

문재인 대통령 2019 국민과의 대화, '국민이 묻는다' 中

"부동산 문제는 우리 정부가 자신 있다고 장담하고 싶다"

"부동산 가격을 잡아왔고 전국적으로는 부동산 가격이 오히려 하락했을 정도로 안정화되고 있다"

"경제가 어려울 때마다 건설경기를 살려 경기를 좋게 만들려는 유혹을 받는데, 정부는 성장률 어려움을 겪더라도 부동산을 경기 부양의 수단으로 사용하지 않겠다는 굳은 결의를 가지고 있다"

작년 11월, 문재인 대통령은 부동산 시장이 전국적으로 안정됐다고 말하며 정부가 부동산 문제를 해결하는 데 자신 있다는 입장을 밝혔다. 또한 부동산을 경기 부양을 위한 수단으로 사용하지 않겠다고도 약속했다. 하지만 집값이 오른 이유가 무엇이었을까? 건설경기를 살리기 위한 부양책을 써서 올랐을까? 생각해보면 그렇지도 않다. 정부는 여전히 집값 상승의 원인이 공급 부족에 있다는 사실을 애써 외면하고 있다.

정부의 부동산 문제에 대한 인식과 그에 따른 정책을 살펴보면 과거 참여정부 시절과 상당 부분 유사하다는 것을 알 수 있다. 참여정부는 투기와의 전쟁을 선포하고 각종 규제 대책을 쏟아냈다. 하지만 결국 상승과 조정을 반복했다. 현 정부도 마찬가지다. 투기와의 전쟁을 선포하며 역대급 대책이라던 8·2대책, 9·13대책 등 강력한 규제책을 내놓았지만, 부동산 시장은 매번 약간의 조정 기간을 거쳐 다시 상승하기를 반복했다.

정부의 이분법적인 잣대도 문제다

정부가 발표한 '투기와의 전쟁'이란 말을 잘 생각해보면, 무주택자든 다주택자든 모두가 국민인데 국민과 전쟁한다고 발표한 셈이다. 집을 여러 채 가진 다주택자는 모두 투기꾼이고 집 없는 서민만 국민이라고 보는 것은 너무 과하다. 예를 들어 집을 한 채 보유 중인데, 돈을 열심히 모아서 다른 데 투자하지 않고 집을 한 채 더 샀다고 하자. 이걸 투기로 볼 수 있을까? 5~6주택을 넘어 20주택, 30주택을 보유 중인 사람들만 투기꾼이라고 봐야 한다. 다주택자 모두를 투기꾼이라고 볼 수는 없다.

투자자들은 조금이라도 더 빨리 서울로 들어오려 한다

정부 정책의 아쉬운 점은 제쳐두자. 그나저나 정부의 규제에도 불구하고 왜 지금 시점에 사람들은 서울에 투자하려고 하는 걸까? 그 핵심은 양질의 일자리와 교통 등 각종의 인프라에 있다. 이런 것들이 잘 갖춰져 있는 곳이 바로 서울이기 때문이다. 두 번째 이유는 더 늦으면 영영 서울에 못 들어온다는 인식 때문이다. 시간이 지나면 지날수록 지역 간의 격차가 커지고 있기 때문에 많은 사람이 하루라도 빨리 서울로 들어오려고 한다. 마지막 이유는 서울 집값이 가장 많이 오른다는 인식이다. 특히 서울에서도 강남 재건축 지역이 가장 많이 오른다. 가장 많이 오른다는 것은 똑같은 돈을 투자해도 얻는 수익성이 높다는 말과 같다. 이렇다 보니 많은 투자자가 더 오르기 전에 서울에 투자하려고 하는 것이다.

"아무리 강력한 정책도 시장을 이기지는 못한다."

지금까지 그래왔고 앞으로도 정부는 부동산 시장에 규제를 가할 것이다. 하지만 규제책으로 시장은 잡히지 않고 단기적인 조정만 있을 뿐이다. 이전까지의 부동산 시장의 역사를 봐도 정책은 결코 시장을 이기지 못했다.

"부동산 시장은 규제의 연속이고, 규제책도 기회가 될 수 있다.
항상 시장의 흐름 위에서 규제책을 바라보며 투자 기회를 낚아채야 한다."

2 · 20대책, 그 이후

이러나저러나 부동산 시장은 오르고 있다

정부가 12 · 16대책을 발표한 지 2개월이 채 안 돼서 2 · 20대책을 발표했다. 총 19번의 대책 중 역대급 대책이라던 8 · 2대책, 9 · 13대책의 효과도 6개월을 넘기지 못하고 시장은 다시 상승 추세로 전환했다. 12 · 16대책 이후 시장은 15억 원 이상의 초고가 아파트와 9억 원 이상의 고가 아파트, 9억 원 이하의 중저가 아파트로 정확히 구분되어 중저가 아파트 시장으로 쏠림 현상이 벌어지고 있다. 대출이 제한되는 15억 원 이상 아파트는 거래가 거의 없는 상황이고, 대출이 조금이라도 가능하고 규제가 상대적으로 적은 9억 원 이하의 아파트로 투자 수요가 몰려

가격을 끌어올리는 풍선효과가 생기고 있다.

일방적인 규제책은 추세를 꺾지 못한다

대책이 나오고 몇 개월의 단기간만 조정 국면이었을 뿐 시장은 얼마 안 가서 다시 상승 흐름으로 전환된 이유가 무엇일까? 왜 이토록 정부의 강력한 규제에도 불구하고 부동산 가격은 오르는 걸까?

앞서 설명했듯이 부동산 시장 전반이 상승 추세이기 때문이다. 추세가 상승으로 접어들면 각종 규제에도 시장은 좀처럼 꺾이지 않고 계속 상승 흐름을 이어간다. 반대로 만약 하락 추세라면 정부가 지속해서 부양책을 편다고 해도 시장은 하락을 면치 못한다. 결국, 일방적인 규제책으로는 시장의 추세를 꺾지 못하며 정부가 원하는 성과를 내기 어렵다는 얘기다.

정부의 시장 개입은 어쩔 수 없는 선택이다

물론 큰 폭의 집값 상승은 무주택 서민에게 커다란 상실감을 주는 것도 사실이고 최근 몇 년 사이에 집값 상승 폭이 우려될 만큼 커진 것도 사실이다. 결국, 정부의 시장 개입이 일정 부분 필요한 것도 인정해야 한다. 하지만 규제 일변도의 정책만으로는 집값을 잡기 어렵다. 병원에서 환자에게 정확한 진단을 못 하면 처방 또한 잘못되기 마련이다. 투기꾼들이 집을 마구 사들여 집값이 올랐다는 게 정부의 인식이지만, 이에 근거를 둔 규제책은 집값을 더 폭등시키고 있다. 진단 자체가 잘못되었다. 이제는 정부가 부동산 시장을 대하는 시각을 바꿔야 한다.

막대한 유동성이 부동산 시장으로 집중되고 있다

◆ 광의 통화량 및 GDP 대비 유동성 추이

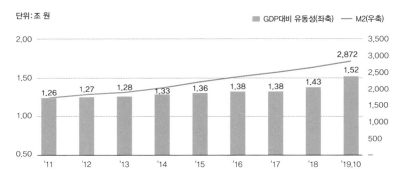

자료 출처 : 한국은행

유동성이 너무 크고, 그 큰 유동성이 부동산 시장으로 몰리고 있다. 2019년 하반기, 금리 인하로 인해 GDP 대비 유동성이 1.52배까지 올랐고, 2017년 이후로 지속해서 오르고 있다. M2(광의통화=현금통화+요구불예금+수시입출식 저축성예금+기간물 정기 예·적금 등)의 경우, 1986년부터 꾸준히 올라 2,800조 원을 돌파했다. 그리고 단기부동자금이 약 1,200조 원으로 올해 국가 예산인 512조2,504억 원의 2배가 넘는 돈의 상당 부분이 부동산 시장으로 흘러 들어가고 있다. 각 분야의 시장으로 흘러 들어가야 할 막대한 부동자금이 경제 위축으로 인해 부동산 시장에 몰리고 있는 것이다. 단기부동자금과 약 45조 원에 달하는 3기 신도시 토지보상금까지 더해져 유동성은 올해에도 더 커질 것으로 예상된다.

서울의 집값이 오르는 근본적인 원인은 공급 부족에 있다

주택보급률이 100%를 넘는다고 해서 주택공급이 충분하다고 생각해선 안 된다. 현재 우리나라의 주택시장은 양적인 주택시장에서 질적인 주택시장으로 전환된 지 오래다. 실수요자들은 지하 단칸방이나 낡아빠진 집을 원하는 것이 아니라 새집을 원한다. 하지만 서울의 신축 주택 공급의 80%가 재개발, 재건축 사업을 통해 나오는데, 재개발, 재건축이 정책에 의해 제한되고 있다. 결국, 수요에 비해 공급이 부족한 게 문제다.

더불어 오르는 지역을 규제로 묶어버리니 규제가 없는 지역으로 수요가 이동하며 발생하는 풍선효과가 또 다른 풍선효과를 낳으며 시장이 안정되지 못하고 있다.

결국, 정부의 현명한 선택이 필요하다

전 세계는 하나의 네트워크로 구축되어 있다. 글로벌 경기 흐름 및 글로벌 부동산 시장도 결국 하나로 연결되어 있다. 세계 경제는 양적 완화 시기를 지나 양적 긴축 시기에서 양적 완화 시기로 재전환되었다. 최근 들어 금리 인하와 양적 완화 정책이 주목받고 있다. 특히 '코로나19'

의 파급력이 확대되어 세계 경제뿐만 아니라 국내 경제가 극도로 풀이 죽어 있다. 이런 상황에서 금리 인하에 소극적인 한국은행도 금리 인하는 불가피했고, 결국 올 3월 기존 기준금리에서 0.5%p가 하락한 0.75%로 인하했다.

결과적으로 넘치는 유동성과 저금리 상황에서 부동산은 오를 수밖에 없다. 규제로 촘촘히 막는 것보다 규제를 풀어 필요한 곳에 주택을 공급하는 공급책이 필요한 시점이다. 4월 총선이 부동산 시장의 변곡점이 될 것이다. 과거 참여정부의 부동산 패턴이 더 반복되지 않기를 바라며 정부의 공급 대책, 필요한 곳에 집을 공급하는 패러다임의 전환을 기다려보자.

규제 대책의
최대 피해자는 누구인가?

정부는 투기 세력에 대항하기 위해 규제책을 내놓고 있다. 하지만 규제 대책으로 인해 실질적인 피해를 보는 사람들은 정말 투기꾼인지 생각해볼 필요가 있다.

정부가 올해 또는 내년에 종합부동산세를 또 인상할 것으로 예상된다. 취득세는 이미 조용히 인상했다. 2020년 1월 1일부터 1세대 4주택이상 취득세를 4%로 올린 것이다. 올해 1월 15일에 있었던 신년 기자회견에서 문재인 대통령이 발표한 내용과는 상반된 행동이다. 문재인 대통령은 신년 기자회견에서 보유세는 강화하고 거래세는 낮추는 방향으로 이야기했다. 보유세인 종합부동산세는 인상할 것으로 예상되기 때문에 어느 정도 일치하지만, 거래세인 취득세는 오히려 인상했다. 이에 대해 거래세에 해당하는 취득세, 등록세가 지방재정, 말하자면 지방정부의 재원이기 때문에 당장 낮추기 어렵다고 덧붙였다. 결국, 거래세 인하도 당장은 기대하기 어렵다고 볼 수 있다.

규제책은 정말 서민을 위한 것인가?

정부가 실시하고 있거나, 실시할 예정인 규제책은 대출 규제, 분양가 상한제, 전·월세 상한제 등이 있다. 이 규제책들은 정말로 서민들을 위한 정책일까? 전혀 그렇지 않다. 오히려 부자들을 위한 대책이다. 대출 규제만 봐도, 대출이 제한되면 유동화시킬 수 있는 현금이 많은 부자에게 유리하다. 당장 대출이 필요한 서민들을 힘들게 하는 정책이다. 분양가 상한제도 마찬가지다. 새 아파트를 분양가 20~30% 낮춰서 공급하겠다는 말인데, 이것조차도 대출을 받지 않으면 쉽지 않은 게 현실이다. 그런데 대출이 더 어려워지지 않았는가? 더군다나 전·월세 상한제가 시행되면, 시행되기 전에 임대인들이 전·월세 보증금 및 임대료를 미리 올릴 가능성이 있다. 그 피해는 고스란히 서민과 세입자들한테 돌아가게 된다.

결국, 지금의 규제책은 투기 세력을 잡지 못하고 있고, 서민들에게 도움을 주지 못하고 있다. 공급 물량을 늘려 서민들이 집을 쉽게 살 수 있도록 지원하는 것이 서민을 위한 최선의 정책이 될 것이다.

"공급 없는 규제는 또 다른 틈새시장을 만들어 집값을 상승시킨다."

뛰는 정부 위에 나는 투자자 있다

　2·20대책을 포함해 19번의 부동산 대책이 나왔음에도 부동산 시장의 상승 흐름이 꺾이지 않고 있다. 이번 2·20대책으로 기존에 많이 올랐던 풍선효과 5개 지역이 핀셋 규제를 받았고, 조정 국면에 접어들며 가격 하락이 예상되기는 한다. 하지만 또 다른 지역으로 풍선효과가 번질 가능성이 높다. 이 풍선효과는 규제책이 나올 때마다 번져나갈 것이다. 다만 이번 2·20대책이 비교적 소규모인 이유는 올 4월 있을 총선을 의식한 게 아닐까 조심스럽게 예상한다. 정부 입장에서 총선을 앞두고 강도 높은 대책을 발표하기가 부담스러웠을 것이다.

투자자들의 학습효과가 부동산 시장으로 유동성을 집중시킨다

이렇게 쏟아지는 규제대책에도 부동산은 왜 오르는 걸까? 앞서 말했듯이 갈 곳 없는 막대한 유동자금이 부동산 시장으로 몰리고 있기 때문이다. 그럼 이 자금은 왜 부동산 시장으로 몰리고 있을까? 투자자들의 학습효과 때문이다. '결국 부동산은 오르더라', '부동산은 결국 우상향을 그린다'라는 사실을 투자자들이 그동안의 시장에서 학습했고, 부동산이 인플레이션을 방어하는 확실한 실물자산이자 안전자산이라는 인식을 갖기 시작했다.

규제 효과는 단기간에 불과하다는 것도 현 정부의 집권 기간만 19번의 부동산 대책을 경험하며 깨달았다. 역대급 대책이라고 했던 8·2대책, 9·13대책도 6개월을 넘기지 못했다. 과거 참여정부도 강한 규제책을 폈지만, 서울 집값은 56%, 강남권 집값은 80%가 올랐다. 이를 경험한 투자자들이 규제책의 효과가 단기적이라는 것을 학습했다. 이렇다 보니 오히려 규제가 강한 지역 순으로 가격이 많이 상승하고 있다. 강남 3구, 서울, 경기, 지방 순으로 상승하고 있는 흐름이다.

수요가 필요한 곳은 결국 공급이 해답이다

서울 집값 상승 원인은 공급 부족이다. 계속 강조했다시피 신축, 새 집의 공급이 턱없이 부족하다. 양적인 공급과 질적인 공급을 구별해야 한다. 과거에는 경제 성장 대비 주택 수가 워낙 적었으므로 무조건 많이 지어야 했고, 주택건설촉진법을 시행하며 주택의 질보다는 양적인 공급을 주된 목표로 했었다. 하지만 지금은 질적 공급시대다. 신축 아파트, 새집을 원하는 수요가 넘치고 있다. 수요를 충족시켜줄 공급책이 나와야 한다.

정부 인식이 바뀌지 않는다면 앞으로 주택시장은 어떻게 흘러갈까? 수도권 전 지역이 풍선효과로 인해 규제지역으로 지정될 것이다. 전염병 번지듯, 지방 시장 전역까지 규제지역이 늘어날 것이다. 그러면 전국의 모든 지역이 규제지역으로 묶이고 전국적으로 거래절벽이 심화되어 미분양이 늘어나고, 미분양이 늘어나면 그제야 규제지역이 해제될 것이다. 그중 정부가 가장 강력하게 규제하고 있는 강남 3구가 마지막으로 해제될 것이다. 규제가 해제되기 시작하면 부동산 시장은 다시 상승할 것이다.

부동산 시장은 반복되는 흐름의 연속이다

시장의 흐름을 읽어야 승자가 될 수 있다. 똑같이 좋은 지역이라 할지라도 높은 가격에 들어가는 사람이 있고 낮은 가격에 들어가는 사람이 있다. 낮은 가격에 들어가는 사람이 결국 시장의 승자가 되고 높은 가격에 들어가거나 시장의 흐름이 꺾이고 들어가는 사람은 패자가 된다. 흐름을 먼저 읽고 시장을 선점하는 것이 중요하다.

"숲을 보고 나무를 봐라!"

한 지역이 뜨는 중이라고 해서 무조건 투자할 것이 아니라, 그 지역이 앞으로 어떻게 될 것인지, 큰 그림을 보고 투자해야 한다. 때로는 남들과 다른 마인드가 필요하다. 남들이 전부 들어갈 때 한발 물러서서 정확하게 시장을 판단하는 여유가 필요하다. 남들이 전부 빠져나올 때 들어가는 용기도 필요하다.

부동산 시장은
제 갈 길을 갈 뿐이다

언젠가는 회복될 경기와 아직은 튼튼한 부동산 시장

코로나19 사태로 인해 전 세계가 몸살을 앓고 있다. 글로벌 금융 경제가 2008년 미국발 금융위기 이후 최대 폭의 하락 현상을 겪고 있다. 코로나19 팬데믹으로 인한 세계 각국의 입국 금지 조치로 공급망 단절, 수요 감소가 발생했고, 관련 기업(항공사, 여행사 등)을 비롯해 모든 산업으로 확대되고 있다.

우리나라는 수출 의존도가 매우 큰 편인데, 이번 사태로 전 세계 절반 이상 국가에서 한국인 입국 금지 또는 제한 명령을 내리면서 큰 어려움을 겪고 있다. 일상 경제 활동과 소비심리가 위축되었고 서비스산업, 제조업 등 전 산업 분야로 확대될 우려가 있다.

그럼 이번 사태가 경제 위기로 확대될까? 그렇지는 않을 거라고 많은 경제 전문가가 전망하고 있다. 단지, 소비가 줄었을 뿐이지 금융 시스템과 생산 시스템이 어느 정도 유지되고 있기 때문이다. 결국, 시간이 문제일 뿐 서서히 회복될 것으로 예상된다.

전 세계적인 금리 인하로 유동성이 극대화될 예정이다

미국은 이번 코로나 사태 이후 한 차례 금리 인하를 통해 마이너스 금리로 전환했다. 대한민국도 코로나 사태 이후 기준금리를 인하했다. 미국발 금리 인하가 전 세계로 확산할 전망이다. 그리고 늘어날 유동성은 금, 부동산 같은 실물자산, 즉 안전자산으로 몰릴 가능성이 크다.

경제, 주식시장, 부동산 시장은 이런저런 굴곡은 있었지만 늘 우상향이다. 하지만 부동산 투자로 이익을 내는 사람은 5%에 해당하는 소수뿐이다. 지금이야말로 역발상 마인드를 가져야 한다. 남들이 비관적일 때 기회가 찾아온다.

부동산 시장은 꿋꿋이 제 갈 길을 간다

부동산 시장은 이번 사태로 인해 어느 정도 영향을 받아도 굳건한 상승 추세를 이어갈 것이다. 투자자는 규제책을 포함해서 이번 코로나19

같은 외부적인 요소에 갈팡질팡하지 말고 시장의 흐름을 보고 흔들리지 않는 투자를 해야 한다.

PART

아파트 살까, 빌딩 살까?

저자 소개

오동협 ㈜원빌딩부동산중개 대표이사

경력 및 전문분야

- 공인중개사
- 빌딩 중개 전문 15년 경력
- 리모델링 및 중소형빌딩 매입 사업성 분석
- 한국경제, 매일경제, 아주경제 등 다수 언론사 칼럼 기고
- 한국경제TV '부동산 엑스포' 등 빌딩 투자 관련 다수 강연

- 저서
  《어쩌다 건물주란 없다》 (2019년)

CHAPTER 1
떠오르는 블루 칩 꼬마 빌딩

수익용 부동산, 꼬마 빌딩이 뜬다

부동산 가격이 내려갈 줄 모르고 계속 오르는 상황이다. 부동산 시장이 꾸준히 상승 추세를 타고 있으므로 매도보다 매수가 적절한 타이밍이다. 어떤 매물을 매수해야 투자 수익을 낼 수 있을까? 최근에 꼬마 빌딩 또는 미니 빌딩이라 불리는 수익용 부동산이 떠오르고 있다.

빌딩이라고 다 으리으리해야 맛인가?

여러 규제로 인해 아파트 시장이 예전 같지 않자, 1가구 2주택, 3주택, 4주택을 운영하던 투자자들이 3~4년 전부터 아파트를 하나둘 처분하기 시작했다. 그리고 그 자금이 아파트가 아닌 빌딩 쪽으로 투자되면서 주거 시장 다음으로 임대 수익용 부동산 시장이 뜨기 시작했다. 보통 '빌딩'이라고 하면 대로변의 큰 건물들을 떠올리기 쉽다. 200억, 300억, 500억 원대 또는 포스코 타워 같은 고층 건물을 떠올린다. 하지만 최근 들어 그 이면에 있는 작은 건물이 많이 거래되고 있다. 바로 꼬마 빌딩 또는 미니 빌딩이라고 불리는 수익용 부동산이다.

대한민국에서 부동산 투자라고 하면, 첫 번째는 역시 주거 시장이다. 주택 수요자가 가장 많다 보니, 주택이 제일 관심을 받을 수밖에 없다. 어쩔 수 없는 흐름이다. 그다음이 상가 또는 미니 빌딩 등의 수익용 부동산이다. 아파트 시장의 경우, 다양한 정보를 비교적 쉽게 얻을 수 있고 관련 강의들이 많지만, 빌딩은 쉽게 접하기 어렵고 공부하기도 쉽지 않다. 꼬마 빌딩에 대한 기본 지식을 알아보고 서울의 사례들까지 살펴보자.

매매 건수가 많은 지역에 투자하라!

◆ 최근 5년간 서울 거래 동향 및 매매 건수 추이

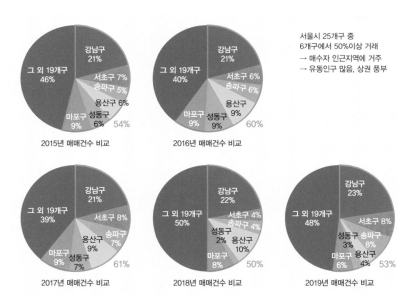

서울시 25개구 중
6개구에서 50%이상 거래
→ 매수자 인근지역에 거주
→ 유동인구 많음, 상권 풍부

위 그래프는 최근 5년간의 거래 동향, 서울 25개 구의 매매 건수를 비교한 그래프이다. 그래프를 살펴보면, 25개의 구 중 6개 구, 강남 3구 (강남구, 서초구, 송파구) 그리고 소위 마·용·성(마포구, 용산구, 성동구)의 매매 건수가 전체의 과반을 차지하고 있다. 이 6개 구는 최근 분양가 상한제 이야기가 나오면서 많이 언급되는 지역이다. 매매량은 가격 상승의 원동력이 된다. 그러므로 이 지역에 있는 미니 빌딩, 상가, 주택을 산다면, 절반은 성공한 것이다. 확실한 리스크 관리 방법이다.

상권은 직장을 중심으로 형성된다

빌딩 투자는 임차인의 사업이 잘되어야 한다. 임차인이 운영하는 커피숍에 고객들이 찾아와서 커피를 마시고, 음식을 사 먹어야 안정적으로 임대료를 받고, 올릴 수도 있다. 물론 집 근처에서 식사하거나 커피를 마시는 사람도 있겠지만, 직장인 대다수가 직장 근처에서 점심을 먹고, 커피를 마시고, 저녁을 먹고, 술을 마시고 퇴근한다. 직장을 중심으로 소비 활동을 하고, 직장이 하나의 구심점이 된다는 뜻이다. 이렇다 보니 자연스럽게 상권이 형성되어 있는 지역은 회사가 많다.

이렇게 직장이 많은 상권의 대로변에 있는 빌딩은 공실 걱정을 하지 않아도 되고 임대료가 높아도 임차인을 쉽게 구하기 때문에 임대 수익이 높다. 자연스럽게 매수자들에게 인기 있는 매물이 된다. 임차인들은 영업의 리스크를 줄이는 방법으로 높은 권리금을 주더라도 이러한 빌딩에 입점한다. 결국, 지속해서 거래가 이루어졌고 자연히 빌딩 값은 올라

갔다. 이제 오를 대로 오른 대로변 빌딩은 일반 개인이 투자할 수 없는 '넘사벽'이 되었다.

개인투자자가 현실적으로 노릴 수 있는 것은 이 지역의 이면에 있는 건물이다. 10년 전까지만 해도 이런 이면에 있는 건물은 거의 거래되지 않았다. 정보가 제한적이고 빌딩의 개별성이 워낙 크다는 점이 투자자가 선뜻 결정하지 못하는 리스크로 작용했기 때문이다. 정보가 많고 일반화되어 있는 아파트가 지속해서 거래되면서 가격이 올라간 것과는 상반된 모습이다. 이런저런 이유로 거래가 잘 이루어지지 않다 보니 가격의 상승 폭도 낮은 편이었다.

인터넷의 발달로 부동산 시장의 판도가 바뀌고 있다

하지만 스마트폰이 활성화되고 인터넷이 발달하면서 SNS, 유튜브 등을 통한 마케팅이 유행하기 시작했다. 그러자 역 앞이나 대로변처럼 권리금이 비싼 지역이 아닌 이면에 있는 빌딩의 창업이 늘어나기 시작했다. 권리금 없이 또는 낮은 임대료로 창업하고, 절약한 임대료를 마케팅에 사용하는 형태다. 예전에는 어디에 어떤 가게가 있는지 알 수 없었지만, 지금은 인터넷 또는 내비게이션에 이름만 쳐도 길을 안내해준다. 이면에 있는 건물에서도 사업이 원활하게 이루어지다 보니 비교적 임대료가 저렴한 이면에 있는 건물로 임차인들이 몰리기 시작했다. 이런 식으로 지속적인 거래가 이뤄졌고, 가격이 상승하기 시작했다. 수요가 공급보다 많기 때문에 시장의 원칙에 따라 가격이 올라가고 있는 것이다.

앞서 소개한 6개 구는 이미 소액으로는 넘보기 힘들 정도로 오른 게 사실이다. 이 6개 구 안에서도 아직 오르지 않은 지역, 또는 그 인근에 유망한 지역의 꼬마 빌딩을 유심히 살펴봐야 한다. 이를 위해 다음 장에서 꼬마 빌딩의 가격을 결정하는 요인에는 무엇이 있는지 하나씩 알아보자.

도로가 좋아야
사람이 찾아온다

◆ 가격 상승 요인 1 - 도로

구분		내용
도로	접한 도로	(1) 6m～12m : 도로와 인도의 구분이 없어서 횡단보도가 없고, 상점 앞에 주차 가능 (2) 도로에 접한 면적이 넓을수록 좋다 (단면 〈 양면 〈 코너)
	주변 도로	(1) 곧은 길 (초입에서 끝이 보이는 도로), 핵심도로를 기준으로 바둑판 모양이 좋다 (2) 양쪽으로 1층에 상점이 입점 가능한 건물 (필로티 구조가 아닌 건물) (3) 차와 사람이 엉켜있는 도로 → 쇼핑, 집객 등이 용이

최적의 도로 너비 6~12m

도로가 중요한 가격 상승 요인이 된다. 도로는 접한 도로와 주변 도로로 나뉘는데, 접한 도로의 너비가 매우 중요하다. 약 6~12m 정도가 가장 좋다. 너비가 3m 미만인 도로는 차가 지나다니기 힘들다. 6m부터 양방향으로 차가 다닐 수 있고, 8m부터 차 한 대가 주차되어 있어도, 양방향으로 차가 다닐 수 있다. 10m부터는 가운데 중앙선이 있고, 12m 같은 경우 도로 양쪽에 주차되어 있어도 차가 양방향으로 지나다닐 수 있다. 6~12m가 보통 대로 다음에 있는 이면 도로의 너비다. 양방향으로 차가 다닐 수 있는 넓이기 때문에 차를 타고 이동하며 보기에도 편하다. 자연스럽게 고객이 유인되기 적합한 도로 너비다.

◆ 그림으로 도로 너비 이해하기

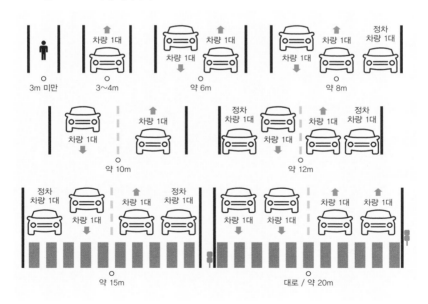

도로에 접한 면적이 넓을수록 좋다

도로에 접한 면적이 넓을수록 좋다. 단편적으로 생각해도 한 면보다는 양면이, 또 양면보다는 코너가 임차인들이 영업하기에 수월하다.

주변에 곧은 길이 많아야 접근성이 좋다

접한 도로 다음은 주변 도로의 상황이다. 주변 도로도 접근성에 큰 영향을 주기 때문에 중요한 요인 중 하나라고 할 수 있다. 특히 주변 도로가 쭉 뻗은 곧은 길일수록 접근성이 좋다. 최근에 상권이 형성된 도로 중 신사역 이면에 있는 가

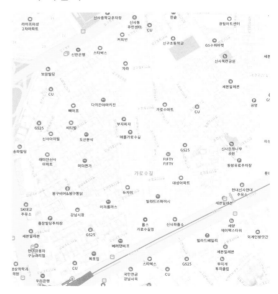

◆ 가로수길 지도

로수길을 예로 들 수 있다. 2006년에 가로수길에 있는 주택을 대지 평당 4,000만 원에 중개했었다. 그런데 2018년에 그 바로 옆 매물을 연예인 K씨가 평당 2억5,000만 원을 주고 매입했다. 10년간 약 6배가 뛴 것이다. 가로수길 지역은 2006년 이후에 외부에서 임차인과 매수자가 꾸

준히 유입되며 가격이 오르기 시작했다.

골목상권에서 탑상권으로 성장한 홍대 주차장길과 조금씩 상권이 형성되고 있는 망원동의 망리단길, 서울대입구역의 샤로수길이 이와 비슷한 케이스라고 볼 수 있다.

쭉 뻗은 길, 곧은 길은 접근성이 좋아서 상권이 가장 먼저 형성되는 도로다. 이런 도로들은 초입 부분에서 도로의 끝까지 어떤 가게들이 있는지 한눈에 볼 수 있다. 예를 들어, 약속 장소로 가기 위해 도로에 진입하면 도로 끝에 있는 건물의 간판까지 확인할 수 있다. 그럼 '아 저기에 있는 커피숍이구나' 하고 쭉 걸어가면서 다른 가게들까지 살펴보게 된다. 접근성이 매우 뛰어나다. 이 접근성은 한번 형성된 도로에서 그치지 않고 그 옆에 꺾이는 도로의 양방향으로 좌회전, 우회전하며 확장된다. 이러한 확장 자체도 10년 전, 15년 전에는 거의 이루어지지 않았다. 스마트폰, SNS 마케팅이 발달하며 접근성도 같이 확장되기 시작했다.

차와 사람이 엉켜있는 도로가 사업에는 좋다

차와 사람이 엉켜있는 도로도 괜찮다. 사람이 다니기에는 불편하지만, 차들이 비켜서고, 사람이 차를 피하거나 쉽게 도로를 건널 수 있는 길이 상권의 형성에 아주 유리하다. 처음에 이야기한 도로 너비와도 일맥상통하는 부분이다.

뉴트로 상권? 도로가 좁고 구불구불하다고?

◆ 익선동 한옥마을 거리

사진 출처:서울특별시 서울한옥포털

그런데 최근 3년 전부터 변종 상권이 나오기 시작했다. 익선동, 삼청동 같은 곳을 보면 도로 폭도 상당히 좁고 쭉 뻗어 있지도 않은데, 상권이 생겨나고 있다. 직접 익선동에 가보라. 도로 폭이 2m 남짓이다. 차한 대 지나다니기도 힘든 도로에 상권이 형성되었다.

이런 변종 상권은 기존의 정형화된 식당이나 카페에서 느낄 수 없는 이색적인 경험을 원하는 20~30대 소비자들의 수요로 인해 등장한 것이다. 새로움과 복고가 어우러지며 '뉴트로'라는 신조어를 만들면서 새로운 상권을 형성했다. 익선동이나 삼청동은 한옥이 매우 많기 때문에 폭이 좁거나 멀어서 보이지 않는, 꺾인 도로가 많다. 뉴트로라는 트렌드가 주는 장점이 도로의 기본 원칙을 깬 것이다. 기본 원칙은 곧은 길, 쭉 뻗은 길이지만 뉴트로 상권 같은 변종 상권도 기억해두면 좋겠다.

필로티 구조는 무조건 피하자!

다음은 필로티 구조 여부를 살펴봐야 한다. 필로티 구조란 '주차공간 확보를 위해 1층에 임대 가능한 공간을 만들지 않고, 주차공간을 만든 구조'를 말한다. 보통 연립주택 같은 주거를 베이스로 한 건물들이 필로티 구조를 취하고 있다. 그런데 이 필로티 구조 건물이 많은 지역은 상권이 잘 형성되지 않는다. 접한 도로변에 필로티 구조가 많다면 고려 대상에

◆ 필로티 구조 사례

서 제외할 것을 추천한다. 주거 목적으로 사서 4층에 실거주하면서 2층, 3층의 원룸을 월세 주는 용도로는 괜찮다. 하지만 근생시설, 상가로 세를 주면서 임대 수익을 기대하는 수익용 부동산으로는 적합하지 않다. 상권은 1층에서부터 형성되고, 그다음 2층, 3층, 나아가 다음 블록으로 확장되는데, 필로티 구조에는 1층이 없다. 상권이 형성되기도, 확장되기도 어려운 구조다.

뱀의 머리보다는 용의 꼬리가 낫다. 주변이 같이 상승하여야 한다. 자기만 새 건물을 멋스럽게 지었다고 하더라도 주변이 낙후되어 있거나 주변에 상승할 만한 요인들이 없으면 쉽지 않다. 그래서 내 건물만 보지 말고, 주변 건물들의 형태까지 고려할 필요가 있다. 가격이 아무리 싸더라도 필로티 구조 또는 필로티 구조 건물이 많은 도로변의 건물은 한 번 더 고민해보자.

도로의 연장선, 교통 상황!

◆ 가격 상승 요인 2 - 교통 상황

구분	내용
교통 상황	(1) 상권이 확장되는 방향의 반대 방향에 전철역이 있으면 좋다 (2) 진입도로가 여러 곳이면 좋다(사통팔달) (3) 손쉽게 주차가 가능한 지역 　　(유료, 공용주차장이 있거나 주차 대행 가능) (4) 접근 용이한 교통수단이 많을수록 좋다 　　(도보→자가운전→일반 버스→지하철→광역버스, KTX, SRT→비행기)

들어오는 길이 있으면 나가는 길도 있어야지

두 번째로 살펴볼 요인은 교통 상황이다. 먼저, 도로에 진입했을 때

반대편 도로 끝에 역 또는 출구가 있는지 확인해야 한다. 진입한 곳으로 다시 나와야 한다면 왔던 길을 되돌아가는 형태인데, 이런 형태는 상권이 확장되기 어렵다. 하지만 반대편에 역이 있다면 상권이 뻗어나가기 수월하다. 대표적인 예가 2호선, 홍대입구역이다. 홍대 상권이 계속 퍼질 수 있었던 이유가 상수역이 반대편에 있었기 때문이다. 현재는 상수역을 넘어 합정역까지 확장되고 있다. 소비자가 어디를 가서 커피를 마시건 식사를 하건 쉽게 그곳을 빠져나갈 수 있는 여건이 마련되어야 한다. 이런 지역은 상권이 형성되기 쉽고, 확장되기에도 유리하다. 사려고 검토하는 매물과 제일 가까운 역, 조금 멀더라도 상권 확장 방향에 있는 역의 위치와 거리 등을 잘 따져봐야 한다.

주차장이 없으면 올 사람도 안 온다

교통 상황에서 또 중요한 것, 진입도로와 주차공간이다. 지하철이나 대중교통을 이용하는 사람도 많지만, 앞서 말했듯이 지금 우리가 사려는 곳은 대로변 이면에 있는 건물 아닌가? 이면의 도로까지 찾아오려면 자차(自車)를 이용하는 사람이 많다. 결론부터 말하면, 주차가 편해야 한다.

건물마다 건축법상 '법정 주차 대수'라는 것이 있어서 연면적과 건축물의 용도에 따라 보유해야 하는 주차 대수가 미리 정해져 있다. 이 법정 주차 대수 이상으로 주차공간을 만들어야 건축 허가가 승인된다. 하지만 한정된 공간에서 주차장을 늘리면 임대 공간이 줄어들기 때문에 임대 수익에 큰 손실이 발생할 수도 있다.

물론 주차공간이 많으면 임차인이 영업하기에 좋다. 당연히 임차인은 손님이 자기 가게 앞에 주차하기를 원한다. 이럴 때 보통 옆자리에 주차를 많이 한다. 이 공간은 법정 주차공간은 아니다. 예를 들어, 자기 땅에서 한 1~2m 정도 띄우고 건물이 올라간다. 그러면 이 공간은 원칙적으로는 주차공간이 아니지만, 사람들이 비스듬히 주차할 수 있다. 결과적으로 주차공간이 많아지는 것. 이런 건물들은 가격이 잘 오른다. 실제로 설계 단계부터 이런 공간을 계산해서 시공하기도 한다. 많은 매물 중에 주차가 조금 더 원활한 건물은 가산점을 더 주면 된다.

사람들이 뭘 타고 찾아오지?

교통 요인의 마지막은 교통수단이다. 상권이 자리 잡는 초기에는 주변 거주하는 사람들이 가게를 방문한다. 그러다 입소문이 나면서 인근 거주민이 아닌 외부인이 자차를 이용해서 찾아오기 시작한다. 앞서 말했듯 내비게이션을 이용해서 한 번도 방문한 적이 없는 곳을 찾아온다. 여기서 상권이 더 성장하고 입소문이 나면 더 멀리 있는 사람이 방문하거나 자가용이 없는 사람도 방문하게 된다. 이때 편리한 대중교통이 필수적이다.

상권이 자리 잡는 초기에는 배후세대가 중요하고, 그다음은 주차장이 중요하며, 더 나아가면 일반적인 버스나 지하철 같은 대중교통이 중요하다. 여기서 상권이 더 성장하려면 광역 교통수단과의 연계성까지

봐야 한다. 지방에서 올라오는 사람이 방문하기 좋도록 고속도로, KTX, SRT 등과의 접근성이 좋아야 한다. 한류 열풍을 타고 외국인들이 방문하기 시작하면 비행기, 즉 공항과의 접근성이 중요한 포인트가 된다.

상권 확장 5단계
도보 → 자동차 → 대중교통 → 광역 교통수단 → 비행기

조금 더 자세히 살펴보자. 처음에 상권이 형성되지 않은 주거 지역에 임차인이 장사를 시작한다면, 주거 지역 인근의 도보 10분 거리에 있는 사람들이 주 고객이다. 주거 지역에 있는 식당이나 커피숍으로는 다른 지역의 사람이 잘 찾아오지 않으므로 해당 주거 지역 내의 거주민만 고객이라고 할 수 있다. 이 시점을 1단계, 도보로 방문 가능한 고객들이 찾아오는 단계라고 볼 수 있다.

다음은 2단계, 자차를 이용하는 고객이 찾아오는 단계다. 즉, 고객들이 인터넷이나 스마트폰으로 검색해서 내비게이션을 이용해 찾아오는 단계다. 이 2단계로 넘어가기 위해서는 주차공간 확보가 가장 중요하다.

3단계에 접어들면 언론을 통해 알려지기 시작한다. 고객들이 버스 또는 지하철을 타고 상권에 진입하게 된다. 이 단계부터는 거리가 있는 외지 사람들이 찾아오고 그 거리가 확장됨에 따라 상권이 확장되고 가격이 올라간다.

이어 4단계가 되면, 광역 교통수단을 통해 지방에서 찾아오기 시작하고 5단계에 이르면 해외에서 비행기를 이용해 한류 열풍을 타고 찾아온다. 서울의 명동, 강남 또는 홍대 같은 지역은 5단계라고 볼 수 있다. 이 지역은 외국인이 차지하는 소비 비중이 매우 높다. 명동의 경우, 이면으로 들어가는 명동길과 명동의 가운데 길이라고 불리는 도로변 건물의 매도 호가가 대지 한 평당 10억 원에 이른다. 아파트 투자자들이 아파트 시장에서 빠져나와 이 지역으로 몰리면서, 상권이 커짐과 동시에 가격도 오르고 있다. 특히, 명동은 여행객들에게 소비의 랜드마크로 자리매김하고 있다. 일본에 가면 도쿄에 꼭 가고, 이탈리아에 가면 로마에 꼭 가듯이 한국에 오는 여행객들에게 명동은 필수 코스가 되었다. 상권이 해외까지 확장되고 소비력이 높은 여행객들의 방문이 잦아지며, 가격도 많이 올랐다. 최근 홍대가 외국인들이 많은 상권으로 떠오르고 있고, 마찬가지로 가격도 오르고 있다.

"이러한 핵심 지역, 단계별로 상권이 확장될 가능성이 높은 곳에 투자해야 한다."

신축과 리모델링을 관찰하자!

◆ 가격 상승 요인 3 − 주변 상황 및 기타 요인

구분	내용
주변 상황 및 기타 요인	(1) 신축, 리모델링 빌딩이 많은 곳 : 고급 임차인 입주, 임대료 상승 (2) 사무실 위주 상권 〈 근생시설 위주 상권 (3) 40~50대 남성 위주 상권 〈 20~30대 여성 위주 상권 (4) 필로티 구조의 다세대 주거 지역 〈 임차인 없는 단독 주택 주거 지역 (5) 남향 〈 북향 (일조권 사선 제한 때문)

신축, 리모델링은 상권 확장의 신호탄

마지막으로 주변 상황 및 기타 요인이다. 결론부터 말해보자. 신축,

리모델링 빌딩이 많은 곳은 상권이 서서히 확장되는 중이라고 보면 된다. 상권이 확장될 때, 무분별하게 확장되는 것이 아니라 단계적인 확장이 이루어진다. 그 첫 단계가 단독 주택 또는 다가구 주택의 용도 변경이다. 주택에서 상가 또는 사무실로 건축물 사용 용도를 변경하면 1층에 원룸, 투룸이 허물어지고 그 자리에 근생시설이 들어온다. 앞서 말했던 필로티 구조가 아니어야 하는 이유다.

1층부터 상권이 형성되기 시작하면, 임차인은 저렴한 임대료를 찾아서 한 블록 옆으로 임차를 들어가고, 그 임차인을 찾아서 고객이 찾아온다. 유동 인구가 많아지니 그 한 블록 옆에도 누군가가 창업하고... 이런 식으로 상권이 확장된다. 1층의 용도 변경 같은 경우, 임대인이 하든 임차인이 하든 공사 기간이 짧고 비용이 적게 들어가기 때문에 가장 먼저 이루어진다. 그리고 그 지역 주변의 1층 용도 변경이 전부 완료된 이후에 누군가가 입점하려고 할 때가 2단계다.

2단계에 접어들면 이미 빌딩 가격이 꽤 올랐을 것이다. 1층 용도 변경만으로는 수익구조가 맞지 않을 시점이기 때문에 1층뿐 아니라 2층, 3층까지 다 바꿔버리는 경우가 많다. 이때 고려되는 방법이 리모델링과 신축이다. 보통 옛날 주거 지역 같은 경우에는 지하도 없고 용적률도 조금 덜 받는 건물들이 많다. 그렇다 보니 완전히 허물고 법적 용적률을 꽉 채워서 4층, 5층으로 새롭게 짓는 경우가 많다. 보통 리모델링을 먼저 고려하고 신축은 다음 순위로 미루어두는데, 이것은 리모델링에 소요되는 공사 기간이 짧기 때문이다. 공사 기간에는 월세로 대출 이자를 충당할 수 없기 때문에 리모델링보다 공사 기간이 훨씬 긴 신축은 재정적 부담이 크다.

용도 변경 → 리모델링 → 신축

가장 먼저 용도 변경이 이루어지고, 그다음이 리모델링, 최종적으로는 신축이 진행된다. 결국, 투자하고 싶으면 자주 찾아가서 리모델링이나 신축이 얼마나 이뤄지고 있는지 봐야 한다. 용도 변경으로 접근하는 경우라면 주거 지역에서는 평당 3,000만 원을 넘지 않는 선이 좋다. 리모델링이 시작되었다면 이미 2단계에 접어들었다고 판단하면 된다. 이때는 평당 5,000만 원을 넘지 않는 것이 좋다. 만약 주변에 신축 건물이 많이 들어서고 있다면 평당 7,000만 원까지 괜찮다. 임차인이 입점 후 지급하는 임대료를 고려했을 때, 위에 소개한 가격 수준까지는 임대 면적당 단가가 어느 정도 맞아떨어질 것이다.

사무실보다는 근생시설, 남성보다는 여성 상권

◆ 근린생활시설 개념 및 분류

※ 근린생활시설(근생시설)이란?
도시계획법으로 정해진 용도지역의 하나. 거주의 안녕과 건전한 생활환경의 보호를 위하여 지정된 곳
(도시계획법 17)
 – 인근 주민이 쾌적하고 편리한 주거생활을 영위할 수 있도록 도와주는 생활 편익 시설.

근린 생활 시설 분류

1종 근생시설	2종 근생시설
– 슈퍼마켓과 일용품 등의 소매점(1,000㎡ 미만)	– 일반음식점
– 휴게음식점, 제과점(300㎡ 미만)	– 휴게음식점 및 제과점(300㎡ 이상)
– 이용원, 미용원, 목욕장 및 세탁소	– 서점으로서 1종에 해당되지 아니하는 것
– 의원, 치과의원, 한의원	– 테니스장, 체력단련장, 에어로빅장, 볼링장,
– 탁구장 및 체육도장(500㎡ 미만)	당구장, 실내낚시터, 골프연습장(500㎡ 미만)
– 동사무소, 경찰관파출소, 우체국, 방송국, 보건소,	– 공연장, 비디오물소극장(300㎡ 미만)
공공 도서관 등(500㎡ 미만)	– 금융업소, 사무소, 부동산중개업소, 결혼상담소,
– 마을공회당, 마을공동작업소	출판사 등(500㎡ 미만)

외 법률이 지정하고 있는 것
* 자세한 분류는 관련 법률 참고

사무실 위주의 상권보다는 근생시설 위주의 상권이 좋다. 사무실이 주로 들어가 있는 건물의 경우, 건물 관리는 편하지만, 임대료 올리기가 만만치 않다. 근생시설이 많은 건물 같은 경우는 임대료 올리기가 사무실 상권보다는 훨씬 쉽다. 게다가 다른 근생시설을 추가로 입점시키기도 어렵지 않다.

40~50대 남성 위주의 상권보다 20~30대 여성을 타깃으로 하는 상권이 좋다. 물론 남성들도 스마트폰이나 SNS를 많이 이용하지만, 20~30대 여성의 사용량을 따라가진 못한다. 게다가 여성이 남성보다 다양한 소비패턴을 가지고 있고, 소비의 빈도(頻度)도 훨씬 높기 때문에

여성이 자주 이용하는 상권은 여러모로 성장 가능성이 높다. 임차인 입장에서는 고객을 유치하기 수월하다.

남향보다는 북향이 좋다?

마지막으로 남향보다는 북향이 좋다. 주거를 위한 아파트의 경우는 따뜻해야 좋기 때문에 남향을 많이 선호한다. 하지만 빌딩 같은 경우는 북향이 좋다. 건물을 지을 때 용적률을 제한하는 일조권 사선제한 규정 때문이다. 북쪽에 있는 주택 또는 건물의 일조권을 침해하지 않기 위해서 멀찍이 떨어져서 건설할 수밖에 없게끔 만드는 규정이다. 북향의 경우, 대부분 북쪽이 도로이기 때문에 덜 물러나도 요건을 충족하는 경우가 많다. 하지만 남향의 경우는 일조권 사선제한을 피하고자 남쪽으로 많이 물러나야 한다. 그런 이유로 북쪽에 주차장을 많이 만든다. 어차피 물러날 땅에 자주식 주차장을 만들어 조금이라도 활용하는 것이다.

지금까지 설명한 도로 요인, 교통 요인, 주변 상황 및 기타 요인에 부합하는 매물을 구매한다면 투자 성공 확률을 높일 수 있다.

CHAPTER 2
부동산의 가치를 올려라!

리모델링 시작하기

초고효율 리모델링

앞에서 설명한 3가지 요인에 부합하는 매물을 구매했다면 이제 건물의 가치를 올릴 차례다. 용도 변경, 리모델링, 신축 — 이렇게 3가지 방법이 단계적으로 진행된다고 설명했다. 하지만 지금 시장은 용도 변경만으로는 수익구조를 맞출 수 있는 시장이 아니다. 4년 전보다 아파트 가격이 두 배 이상 올랐고, 연남동의 경우 5년 전 평당 2,500만 원이었던 매물이 지금은 평당 1억 원을 호가한다. 1층 용도 변경만으로는 도저히 따라갈 수 없는 시장이다. 그런데 신축을 진행하자니 부담이 너무 크다. 이럴 땐 리모델링이 정답이 될 수 있다. 리모델링은 신축 대비 공사비의 50%를 절약할 수 있고, 임대 수익은 신축의 80%까지 얻을 수 있다. 투자 대비 효율이 높다. 최근 들어 리모델링만 전문으로 하는 업체들이 많이 생겨나고 있는 점도 플러스 요인이다.

리모델링은 어떻게 할까?

◆ 리모델링 사례

건물 개요	
대지면적	56.75 평
연면적	176.85 평
층수	지하 1층~지상 5층

위 사진은 리모델링 이후, 필자가 근무하고 있는 회사 사옥이다. 강남구 신사동에 위치하고, 대지가 57평, 연면적이 180평 정도 되는 이면에서 흔히 볼 수 있는 5층짜리 건물이다. 이 건물은 2008년에 24억 원을 주고 구매한 뒤, 총 3억2,000만 원 정도 들여서 리모델링을 진행했다.

◆ '리모델링 사례' 공사 상세 정보

내용	비용 / 기간	비고
비용	총 견적 : 3억2,000만 원 (EV 신규 설치 7,000만 원 포함) (총 시공비 평당 180만 원)	시스템 냉온풍기 설치(1층 제외) 화장실 위치 변경 EV 지하 1층~지상 4층 설치
명도기간	2008년 7월~11월(5개월)	지하 1층~지상 5층 임차인 7명 명도
공사준비기간	2008년 12월(15일)	업체선정 및 대수선 허가
공사기간	2008년 12월~2009년 2월(2개월 15일)	기둥과 내벽력을 제외한 전층 공사

◆ '리모델링 사례' 공사 전후 비교

위의 공사 전후 비교 사진을 살펴보자. 왼쪽 사진의 계단 아래로 보이는 화장실을 철거하고, 그 자리에 엘리베이터를 설치했다. 8인승 엘리

베이터 설치 비용이 당시에 7,000만 원 정도, 현재는 8,000만~9,000만 원 정도로 예상된다. 가운데 사진에 보이는 창문이 '리모델링 사례' 사진에서 확인할 수 있는 건물 전면부 외벽이다. 전면부 외벽을 허물고 전부 유리로 교체했다. 그리고 오른쪽 사진의 상수도 물탱크를 제거하고, 직수 시스템을 도입하면서 물탱크 자리를 창고로 쓰고 있다. 리모델링하면 어떤 것이 어떻게 바뀌는지에 대해 우리 회사 사옥을 예시로 간단하게 살펴보았다. 다음 장에서는 리모델링하여 판매했거나, 수익을 맞춰가고 있는 실제 사례들을 알아보자.

다가구 주택을 근생 시설로!

◆ 연남동 리모델링 사례

건물 개요	
대지면적	약 60 평
연면적	약 100 평
층수	지하 1층~지상 2층

매매 히스토리	
계약일	매매가
2015년 11월	23.6억 원
2016년 증축 및 리모델링	
2017년 1월	33.7억 원
2018년 6월	42억 원

첫 번째로 알아볼 사례는 연남동에 있는 대지 면적 약 60평, 연면적 약 100평 남짓한 건물이다. '연남동 리모델링 사례'의 왼쪽 위 사진은 리모델링이 끝난 현재의 모습이고, 오른쪽 위 지도는 대략적인 위치다.

◆ '연남동 리모델링 사례' 공사 전후 비교 및 공사 내역

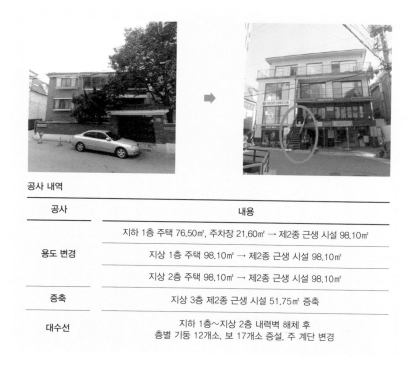

공사 내역

공사	내용
	지하 1층 주택 76.50㎡, 주차장 21.60㎡ → 제2종 근생 시설 98.10㎡
용도 변경	지상 1층 주택 98.10㎡ → 제2종 근생 시설 98.10㎡
	지상 2층 주택 98.10㎡ → 제2종 근생 시설 98.10㎡
증축	지상 3층 제2종 근생 시설 51.75㎡ 증축
대수선	지하 1층~지상 2층 내력벽 해체 후 층별 기둥 12개소, 보 17개소 증설, 주 계단 변경

매입 시기는 2015년으로 연남동의 철도와 공원 공사가 완료되고 상권 확장 2단계에서 3단계로 넘어가면서 가격이 어느 정도 올랐던 시점이다. 공사 전후 비교 사진의 왼쪽에서 보는 바와 같은 주거 지역 상태로 매입해서 용도 변경 및 리모델링을 통해 오른쪽 모습으로 변화했다.

지하 1층에 지상 2층짜리의 다가구 주택이었지만, 지하 1층이 계단 2~3칸 낮은 높이의 반지하였기 때문에 실질적으로는 지상 1층~3층짜리 다가구 주택이었다.

리모델링을 하며 1층으로 올라가는 외부 계단(동그라미 표시)을 만들어 접근성을 높였고, 2층의 창문을 개방감 있게 바꿔줬다. 그리고, 임대 면적을 늘려 임대 수익을 올리기 위해 증축하여 3층을 만들었다. 증축할 때 외벽에 무거운 자재, 돌, 유리 등을 사용하게 되면, 기준 중량을 초과하므로 구조 보강을 해야 한다. 그래서 기준 중량을 초과하지 않기 위해 가벼운 알루미늄 패널을 사용해 증축하였다.

2015년 11월에 23억6,000만 원에 산 사람이 위의 리모델링을 진행한 뒤, 33억7,000만 원에 판매하였다. 다시 1년 반 뒤에 42억 원에 거래되었다. 3년도 채 안 지났음에도 2배 가까이 가치가 오른 것이다.

◆ 알루미늄 패널을 활용한 증축 사례

위 사례도 이전과 비슷하게 알루미늄 패널을 활용하여 증축한 케이스다. 왼쪽 사진이 공사하기 전의 모습이고, 오른쪽 사진은 공사가 한창 진행 중인 모습이다. 이전 사례와 같은 2층짜리 반지하 다가구 주택인데, 도로를 정면으로 보지 않고 옆으로 지어져 있었다. 건물 정면을 90도 돌리고, 건물 왼편에 철제 계단을 만들어 임차인들이 영업하기 편하도록 리모델링했다. 임대 면적을 늘리고자 3층을 증축했고 알루미늄 패널을 활용한 것을 오른쪽 사진에서 확인할 수 있다.

◆ 망원동 리모델링 사례

위 사례는 망원동 망리단길에 있는 건물이다. 증축 없이 1층만 용도 변경하고 리모델링하였다. 외벽은 허물지 않고 흰색 페인트만 새로 칠했으며, 건물 정면을 도로변으로 돌려 임차인이 영업하기 쉽게 만들었다. 이런 공사는 비교적 저렴하고 단기간에 진행할 수 있어서, 망리단길처럼 최근에 형성되었거나 이제 막 확장되기 시작하는 상권에서 자주

볼 수 있다.

임차인의 성공이 곧 임대업의 성공이다

◆ 가로수길 인근 리모델링 사례

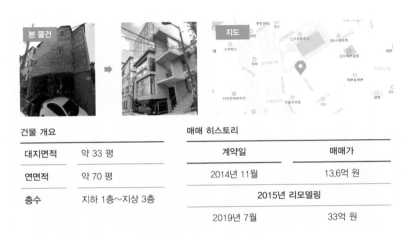

건물 개요	
대지면적	약 33 평
연면적	약 70 평
층수	지하 1층~지상 3층

매매 히스토리	
계약일	매매가
2014년 11월	13.6억 원
2015년 리모델링	
2019년 7월	33억 원

다음 사례는 최근 이른바 '세로수길', '네로수길'이라고 불리며 상권
이 확장되고 있는 가로수길 이면에 있는 빌딩이다. 리모델링 전에는 대
지 면적이 33평밖에 안 되는 아주 작은 다가구 주택이었지만, 리모델링
이후 작년 7월 실거래가를 보면 33억 원에 거래되었다. 평당 1억 원인
셈이다. 이 건물 같은 경우, 임차인이 영업하기 좋게 리모델링하는 것
에 주력했다. 임차인의 영업이 잘되면 임대료 올리기도 수월하고, 자연
적으로 건물 가격이 올라가니까. 이 건물은 2014년 11월에 13억6,000만
원에 사서 리모델링을 하고 4년 뒤에 33억 원에 거래되었다.

"꼬마 빌딩 투자자는 임대사업가가 되는 것이다. 임대업의 고객은 임차인이고, 임대인과 임차인은 공생하는 관계다. 즉, 투자에 성공하려면 임차인이 영업하기 좋은 환경을 만들어주는 게 중요하다."

아파트 대신 꼬마 빌딩!

◆ 논현동 신축 사례

건물 개요

대지면적	약 40 평
연면적	약 105 평
층수	지하 1층~지상 5층

매매 히스토리

계약일	매매가
2013년 11월	13.2억 원
2015년 신축	
2016년 7월	26.2억 원
2018년 9월	33억 원

'논현동 신축 사례'는 근생시설로 리모델링한 게 아니라, 단독 주택을 신축한 케이스다. '백종원 거리'라고 불리는 논현동 신논현역 뒤편, 대로변 이면에 상권이 많이 형성되어 가격이 급등하고 있는 지역이다. 2013년 11월, 13억2,000만 원에 구입해서 2년 뒤에 신축하고 33억 원에 매도했다. 신축 공사를 완료한 뒤, 한 달에 임대료로 1,000만 원 정도를 받았었다. 1년에 들어오는 임대 수익만 1억2,000만 원이다. 아파트는 양도 시세 차액에 포커스를 맞추는 매물이기 때문에 월세를 준다고 하더라도 임대 수익이 그렇게 높지 않다. 반면, 미니 빌딩이나 상가 주택은 임대 수익이 괜찮다. 왼쪽 주머니에는 임대료를 받아 넣고, 오른쪽 주머니에는 3~5년 뒤에 양도 차액까지 챙기는 셈이다. 장기적인 관점에서 훌륭한 아파트 대체재라고 볼 수 있다.

◆ 신사동 투자 사례

건물 개요	
대지면적	약 60 평
연면적	약 153 평
층수	지하 1층~지상 4층

매매 히스토리	
계약일	매매가
2009년 9월	22.5억 원
2018년 7월	55억 원

다음은 투자 사례로 강남구 신사동 신사역 뒤편, 대로변 이면에 6~10m 너비 도로에 접한 빌딩이다. 대로변 다음으로 형성되는 이면 도로 상권에 있다. 다만, 이런 곳도 쉽게 상권이 확장되는 것은 아니다. 대로변에 있는 건물 입장에서 보면 전면이 대로변이고 후면이 이면이다. 대로변의 건물을 찾는 사람은 보통 이면에 주차하기 마련이다. 그러다 보니 이면 도로에 진입했을 때, 한쪽은 대로변 건물의 후면이 보이고, 한쪽은 주차장이 보인다. 도로 양쪽으로 상점이 들어와야 상권이 형성되는데, 한쪽은 담벼락, 한쪽은 주차장이기 때문에 유동 인구가 많다 하더라도 쉽게 상권이 형성되지 않는다.

이 지역도 신사역에 가로수길이 뜨고 나서 세로수길, 네로수길 같은 지역이 막 뜰 때까지도 주춤했던 지역이다. 주춤할 시점인 2009년 9월에 22억 5,000만 원에 매매해서 10년 동안 가만히 가지고만 있다가 2018년 7월에 55억 원에 매도했다. 매달 들어온 임대료가 처음 매입했을 당시에는 600만~700만 원 정도였지만, 상권이 점차 확장되자 매도 시점에는 1,380만 원이었다. 이런 건물은 투자 대비 연 임대료 수익률이 3% 정도 나온다. 마포구, 용산구, 성동구라면 평균 3.5% 정도 나온다. 다른 재테크 부동산 상품에 비하면 상당히 낮은 편이다. 하지만 상권만 확실하다면 임대 수익의 상승률이 높기 때문에, 임대 수익을 보는 시장 자체가 커지는 추세다. 2014년 즈음부터 아파트가 많이 거래되면서 가격이 많이 올랐고, 아파트 2~3개 가지고 있었던 사람들이 아파트 시장에서 많이 빠져나와서 다음 투자처로 이런 수익용 부동산을 찾기 시작했다. 이전까지는 그들만의 리그였다면, 지금은 시장 자체가 많이 커졌다.

◆ 성수동 투자 사례

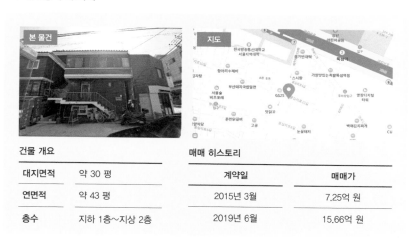

건물 개요	
대지면적	약 30 평
연면적	약 43 평
층수	지하 1층~지상 2층

매매 히스토리	
계약일	매매가
2015년 3월	7.25억 원
2019년 6월	15.66억 원

강남 쪽에만 이런 사례가 있는 것은 아니다. 위 사례는 성동구 성수동 뚝섬역 이면에 있는 빌딩이다. 2015년 3월에 7억2,500만 원에 샀던 사람이 가지고만 있다가 4년 뒤 15억6,000만 원에 매도했다. 2019년에 매수한 사람은 리모델링해서 가치를 올릴 생각으로 매수한 것이다. 이런 매물을 찾기 위해서는 이면 도로에 직접 가서 눈으로 확인하고 이야기도 들어보고 상권이나 건물들이 어떻게 바뀌는지 잘 체크해야 한다. 물론 직접 가서 보면 '이렇게 낡은 건물이 무슨 15억 원이야?'라는 말이 나올 수도 있지만, 그런 건물이 숨어있는 수익용 부동산이다.

지금까지 살펴본 사례들처럼 직접 리모델링을 해도 괜찮고, 리모델링을 하려는 사람들에게 팔아도 수익이 높은 편이다.

PART

4

학군은 쉽게
무너지지 않는다

저자 소개

이주현 ㈜월천재테크 대표

경력 및 전문분야
- 한국경제TV, 직방TV, TV조선 등 각종 TV 방송 출연
- 한국경제, 조선일보, 매일경제, 한국일보 등 다수 언론사 칼럼 기고
- 한국경제TV '부동산 시장 대전망', 조선일보 '부동산 트렌드 쇼' 등 다수 강연

- 저서
  《나는 부동산으로 아이 학비 번다》 (2017년)
  《좋은 집 구하는 기술》 (2019년)
  《불황이지만 돈을 불리고 있습니다》 (2019년)

- 네이버 카페 '월천재테크' 운영
  (https://cafe.naver.com/1000tech)
- '월천대사' 네이버 블로그 운영
  (https://blog.naver.com/iampicky)

CHAPTER 1
학군과 부동산

학군은 언제나 올랐고,
언제나 옳았다

    2016년에 학군과 부동산이라는 주제로 강연하면서 학군이라는 주제를 처음으로 공식화했다. 당시 집값이 지속해서 오르고 있던 대치, 목동, 중계, 분당, 평촌, 일산의 공통점이 무엇일까 곰곰이 생각해봤더니, 바로 학군이었다. 이 시기는 대부분 25평에 투자하는, 소위 갭투자가 대세였던 장 흐름이었는데, 가는 곳마다 이미 늦었다는 소리를 들었다. 이게 바로 3~4년 전 이야기다.

일석이조(一石二鳥), 학군으로
자녀 교육과 투자 수익을 모두 잡다

그리고 알아봤던 매물이 33평이었다. 33평은 갭투자 매물보다는 덜 오른 상태였다. 33평은 아이가 자라면서 학교에 적응하고 정착기가 왔을 때, 더 큰 집으로 늘려나가기 위해 알아보는 매물이었다. 한번 이사 가면 잘 팔지 않고 아이가 대학교에 진학할 때까지 거주하기 위한 용도였다. 이런 매물은 10년 정도 자리를 잡으면 가격이 오른다는 것을 깨달았고, 학군이 좋은 곳에 실거주하는 것이 자녀 교육에 좋고, 투자 수익도 높았다.

◆ 서울시교육청이 분류하고 있는 서울시 11개 행정구역상 학군

학군	관할 교육지원청	지역(행정구 전역)
1학군	동부교육지원청	동대문구, 중랑구
2학군	서부교육지원청	마포구, 서대문구, 은평구
3학군	남부교육지원청	구로구, 금천구, 영등포구
4학군	북부교육지원청	노원구, 도봉구
5학군	중부교육지원청	용산구, 종로구, 중구
6학군	강동송파교육지원청	강동구, 송파구
7학군	강서교육지원청	강서구, 양천구
8학군	강남교육지원청	강남구, 서초구
9학군	동작관악교육지원청	관악구, 동작구
10학군	성동광진교육지원청	광진구, 성동구
11학군	성북교육지원청	강북구, 성북구

PART 4. 학군은 쉽게 무너지지 않는다

2017년에는 도시 개발을 통해서 서울에 신축 아파트가 많이 공급되는 상황을 눈여겨보았다. 그중에서도 마포구, 성동구, 강동구 등 신축이 대량으로 공급되는 지역에 신흥 학군, 소위 학원가가 생길 수 있겠다고 예상했었다. 그 외에도 서울에 있는 많은 재개발지 중에서 사이즈가 큰 곳 혹은 직주근접(職住近接)이라는 표현처럼 마곡까지 출퇴근이 가능한 인접지, 그리고 판교를 추천했었다. 신도시 중에서는 위의 요소들을 고려해 위례, 미사, 동탄을 추천했었다. 이 지역은 프리미엄을 주고 구매해도 학군이라는 장기적인 상승 원동력이 있었다.

재개발, 재건축 지역은 좋은 학군이 형성되기 쉽다

3년간 눈에 불을 켜고 학군만 관찰했다. 그 결과, 학군은 투기 지역, 투기 과열 지구 그리고 도시 재생을 시도하는 재개발, 재건축 지역에 몰려 있다는 사실을 발견했다. 특히, 재개발·재건축은 확실한 상승 요인이었기 때문에 학군에 투자했던 투자자는 2019년에도 아주 큰 수익을 올릴 수 있었다.

방배동에 잔여 세대가 너무 많이 나와 외면받았던 재건축 아파트 단지를 예로 들 수 있다. 당시 12억 원대에 분양하고 9억 원이 초과하는 단지였지만, 건설사가 중도금 대출에 자체 보증을 제공했던 꿈 같은 단지다. 이 단지는 당시 1년여 만에 사전 점검을 시작했고 그 시점에 매매가가 5억 원 정도 상승했다.

"이런 재개발, 재건축 지역 인근의 아파트 단지는 신흥 학군이 생길 가능성이 높으므로 유심히 살펴볼 필요가 있다."

양극화? 초양극화!

양극화를 넘어 초양극화가 일어나고 있다

◆ 현 정부 출범 이후 서울 · 지방 아파트 중위 매매가격 변화

구분	2017년 5월	2019년 11월	증감률
서울	6억635만 원	8억8,014만 원	+45.2%
지방	1억6,575만 원	1억4,847만 원	−10.4%

※ 중위매매가격 : 매매가격을 순서대로 한 줄로 세웠을 때, 한가운데 있는 주택 가격
　　　　　　　　(지방은 수도권 · 광역시 제외)

자료 출처 : KB국민은행

학군을 살펴보기 전에 아파트 시장에서 가장 중요한 키워드, 양극화

에 대해 먼저 이야기하고자 한다. 2019년은 신축 대 구축, 그리고 서울의 신축과 경기도 핵심 지역에 있는 신축 아파트의 가격이 많은 차이를 보였다. 8·2 대책과 9·13 대책 이후 두 번의 재상승을 통해서 양극화가 심각할 정도로 진행되었다. 신축과 구축, 그리고 서울과 경기, 서울과 지방은 이미 양극화가 많이 이루어진 상태다. 관건은 지금의 양극화 수준을 뛰어넘는 초양극화가 올 것인가인데, 사실상 초양극화가 오는 것은 시간문제다.

◆ **서울·지방 아파트 매매가격 지수**

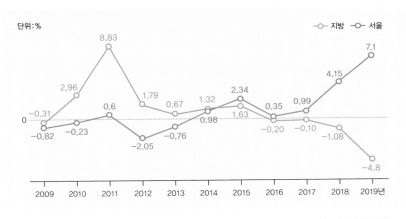

자료 출처: 한국감정원

매매가뿐만 아니라 주거 환경 측면에서도
양극화가 일어나고 있다

요즘 가장 비싼 아파트는 어딜까? 반포에 흔히 '아리팍'이라고 불리는 아크로리버파크 아파트가 현재 33평 기준으로 34억 원의 실거래가를 기록하고 있다. 보통 집을 보러 가면 아파트만 살펴보기 마련인데, 최근에 아리팍의 모든 커뮤니티 시설을 살펴볼 기회가 있었다. 지하 운동 시설에는 초호화 호텔에서만 볼 수 있었던 헬스 기구가 있었고, 미니 체육 시설, 실내 체육관에는 아이들을 위한 인라인스케이팅 강습이 열리고 있었다. 여기서 벌써 학부모들의 마음이 넘어가기 시작한다. 하늘 도서관을 갔더니 중 · 고등학생 정도 되어 보이는 학생들이 입시에 찌든 얼굴이 아니라 화사한 햇살을 받으며 여유롭게 책을 보고 있었다. 단순히 시설뿐 아니라 커뮤니티를 포함해서 주거 환경 자체가 다른 아파트와 극명한 차이를 보인다.

◆ 아크로리버파크 아파트 커뮤니티 시설

자료 출처 : 아크로리버파크 홈페이지

아크로리버파크는 평당 약 1억 원이 넘는 높은 매매가를 자랑한다. 한강을 길게 끼고 있는 반포의 다른 아파트보다 입지가 좋다거나, 연식이 좋다거나 하는 문제가 아니다. 아크로리버파크에 거주하는 사람들만이 누릴 수 있는 클래스가 있다. 건대에 '더 클래스 500'이라는 대한민국에서 가장 살기 좋다고 평가받는 실버타운이 있는데, 아크로리버파크는 그런 상징성을 가지고 있는 것이다.

성수동의 트리마제 아파트도 마찬가지다. 처음에는 미분양의 늪에 빠져 허덕였고, 사전 점검할 때까지만 해도 주목받지 못했었다. 하지만, 특화된 서비스, 조식, 세탁, 한강 뷰(view) 등 고급화를 통해 인기 있는 단지로 거듭났다. 트리마제, 아크로리버파크 같은 아파트와 경기도권 신축 아파트 사이의 격차가 점점 더 벌어지고 있다. 신축과 신축뿐만 아니라 커뮤니티, 그 커뮤니티를 이용하는 거주민의 구성까지, 다양한 측면에서 초양극화는 점점 더 가속화되고 있다.

같은 입지의 같은 비교군이 있다면 위에 설명한 요소까지 유심히 고려하는 게 향후 재산 가치를 늘리는 데 도움이 될 것이다.

서울 아파트의 노후도가 양극화를 가속한다

노후도는 양극화의 연장선에 있는 키워드다. 부동산 시장에 오랫동안 몸담아온 사람들은 경험으로 알겠지만, 최근 15년간 부동산 시장의 흐름을 간단하게 설명해보겠다.

2003년 상반기까지 오르다 하반기부터 잠잠했던 집값은 2004년 카드 사태와 공급물량이 겹치며 하락, 2005년 초에 재건축 지역부터 반등을 시작했다. 2006년 상반기까지 양극화가 급속도로 진행됐다. 2006년 하반기부터는 이른바 '노·도·강' 지역이 상승하기 시작했고, 강남도 2006년 정점을 찍었다. 그리고 2008년 상반기, 수도권 갭 메우기 대순환이 이루어지다가 그해 여름 언제 그랬냐는 듯이 확 꺾었다. 2009년 3월에 강남 재건축이 반등하며 다시 살아나는가 싶더니 이후 줄곧 약세를 보였고, 2011년 유로 위기가 터지며 대출 환경이 나빠지고 분위기가 시들해지며, 2012년 최대 하락을 경험한다. 그리고 잠시 쉬었던 부동산 시장은 2015년부터 다시 상승을 시작하게 된다.

그런데 2015년 상승을 시작할 때에는 1기 신도시의 상태가 매우 양호했다. 당시 10~15년 차였던 분당, 일산, 평촌의 아파트들이 전부 짱짱했다. 하지만 현재 1기 신도시의 노후도는 매우 심각한 상태다. 당시 1기 신도시의 신축 아파트들이 현재 20년 차, 25년 차가 거의 다 되었다. 조금 빠른 것들은 몇 년 안에 재건축 연한인 30년에 이른다.

서울에 있는 아파트 중에도 이미 30년 차를 넘긴 아파트가 많다. 특히 앞쪽에 9를 단 92년산, 93년산, 그 시점에 아파트를 가장 많이 공급했기 때문에 이 아파트의 노후도가 곧 30년 연한이 다가오면서 소위 입지는 좋은데, 가격이 덜 오르는 상황이 발생하고 있다. 학군도 좋고 교통도 좋은데 노후도 때문에 지하 주차장조차 없는 아파트들이 여기에 해당한다. 이런 동네에 신축 아파트가 생기면 그 값이 기존의 구축 아파트와 비교했을 때, 2배 이상 차이 난다. 노후도로 인해 같은 동네 안에서도 양극화가 이루어지고 있는 셈이다.

소문성 호재 = 매도 타이밍, 실현 가능한 호재 = 실물 보전

수도권에는 더 확장할 공간이 얼마 남지 않았다. 확장할 곳이 부족하므로 재개발이 곳곳에서 이루어지고 있다. 특히 수도권과 부산의 노후도가 심각해지면서 재개발이 많이 이루어지는 상태고, 그 재개발을 중심으로 신축 아파트가 공급된다. 신축 공급은 오로지 재정비물량, 구도심 정비를 통해서만 나오는데, 대부분 서울 중심과 거리가 멀다. 그래서 정부가 GTX라는 당근으로 유혹하고 있다. 올해에는 총선도 있고, 교통망에 대한 이슈들이 많기에 교통에 관련된 호재를 잘 선별해야 한다. 반대로 매도할 매물에 대해서는 호재가 나왔을 때 매도를 고민해보는 것도 괜찮다. 소문성 호재가 있는 매물은 매도할 타이밍이고, 실현 가능한 호재가 있다면 매물을 팔지 말고 기다려 보는 것이 좋다.

"투자자는 소문에 사고 뉴스에 매도한다. 다만, 실현되지 못할 호재는 호되게 당하는 재앙이 될 수도 있다는 점을 명심해야 한다."

서울의 물량 부족 현상

9·13대책 이후, 많은 투자자가 위축됐던 게 사실이다. 대부분의 투자자가 사용하고 있던 임대사업자 대출이 전방위적으로 제한되면서, 개인 법인 또는 1인 법인을 내지 않으면 대출이 불가능한 상황이 벌어졌다. 이로 인해 소위 '똘똘한 한 채'가 많이 대두되었고 일시적인 공급 과잉 구간이 찾아왔다. 2018년 하반기 송파 헬리오 입주만 9,510세대, 거의 10,000세대에 이른다. 게다가 개포동 래미안 블레스티지와 비슷한 시기에 입주를 진행했다. 엎친 데 덮친 격으로 강동구에 있는 고덕 래미안 힐스테이트의 입주 2년 차 만기 시점도 겹치게 되었다. 헬리오와 고

래힐 모두 33평 위주라는 점도 인근 중형 아파트 공급에 영향을 주었다. 거기다 위례 신도시의 전세 만기까지 겹쳤다. 이러한 일시적인 공급 과잉 구간이 닥치자 2019년 상반기까지 동남권에는 과대 낙폭이 발생하며 부동산 폭락기가 오는 것 아니냐는 의견도 많았다. 하지만 필자는 단기간의 조정기일 것으로 여기고, 다시 반등할 것을 예상해 좀 더 분주히 움직였었다.

강력했던 9·13대책 때문에 투자자들이 일시적으로 '얼음' 상태였다면, 8·2대책은 웬만한 투자자들에게는 크게 체감되지 않았었다. 당시에는 재건축, 재개발 분양권을 다루는 투자자가 많지 않았기 때문이다. 갭투자, 전세가를 이용한 전세가율 레버리지 투자를 하는 투자자들은 8·2대책과 크게 관련이 없었고, 양도세 중과 정도만 고려하면 됐었다. 그런데 9·13대책으로 투자자 대부분이 크게 위축된 상황이었고, 서울과 경기에 입주 물량이 몰리게 되니 투자의 성지였던 안양, 인덕원 그다음 일산, 영통, 동탄1처럼 전세가율이 높아 투자자에게 인기 있었던 지역은 극심한 역전세에 시달리게 됐다.

투자자 → 실수요자 중심의 갈아타기 장(場)

2019년 들어 또 하나 달라진 점이 있었다. 이전까지의 부동산 시장은 투자자들이 유도하고 리드했던 시장이라고 한다면, 2019년부터 현재까지의 흐름은 갈아타기 장으로서 철저하게 실수요자가 주도하는 시장이다. 특히나 2019년은 더 그랬다. 3월에 상급지인 잠실 5단지와 대치동 은마가 가장 먼저 움직였다. 그리고 5월에 2급지인 마포구, 성동구까지 움직이기 시작했고, 정확하게 현충일을 기점으로 장이 완전히 풀렸다. 그전까지는 최대한 빨리 사는 게 포인트였다면, 그 이후에는 살 수가 없었다. 이미 오르기 시작해서 강남은 3억~5억 원, 마포는 2~3억 원 이상 상승했기 때문이다. 4분기는 철저하게 상반기에 오르지 못했던 지역의 갭 메우기 장이었다. 5월에 마포구, 성동구, 7~8월에 강동구, 9월은 10억 원 언저리였던 곳들, 11~12월은 수원, 망포 이런 3급지 지역들의 갭 메우기 장이었다고 보면 된다.

2배의 법칙, 분양가 × 2 = 신축

결과적으로 집값이 많이 올랐다. 문제는, 어떻게 올랐던가? 꼬박꼬박 2억 원씩 오른 게 아니라 기분 나쁘게 2배씩 올랐다. 2015년도에 분양했던 분양가 대비 신축은 정확히 2배가 되었다. 신축 아파트 옆에 있는 구축 아파트는 입지가 좋다 보니 신축을 따라 가격이 70~80% 정도 올랐다. 현재 신축 아파트와 구축 아파트의 가격을 관통하는 공식이다.

결국, 대부분의 수요자는 신축 아파트가 2배나 올라서 갈아타기를 못했다. 그런데 이제서야 거주하는 구축 아파트에 매수 콜이 들어오기 시작하더라, 이러지도 저러지도 못하다가 다시 눌러앉게 되더란 거다. 하지만 이 경우, 조금 무리를 해서라도 매수 콜이 왔을 때 과감하게 매도하고 신축으로 업그레이드하여 갈아타는 게 맞다.

턱없이 부족한 2020년, 2021년 서울 입주 물량

◆ 2020년 서울 아파트 입주 물량

	1월	2월	3월	4월	5월	6월	7월	8월	9월	10월	11월	12월	미정	합계
합계	5960	8774	4150	1221	3243	3181	1888	3107	2952	3233	298	3651	244	41902
강동구	3604	4057		366				642	656					9325
영등포	1546	1008			802		859			1916		641		6772
은평구			760		2441	1192								4393
양천구			3045											3045
서대문		1204						1226						2430
강남구								99	2296					2395
서초구				757						1317				2074
중랑구						453	1029					245	244	1971
노원구	810											1062		1872
성북구												1703		1703
마포구		1248												1248
송파구						1199								1199
용산구								1140						1140
동작구		959												959
구로구			345	98		337								780
강서구											298			298
동대문		298												298
성동구														0
광진구														0
관악구														0
금천구														0
도봉구														0
강북구														0
종로구														0
중구														0

자료 출처 : 트루리포트

위의 표에서 서울의 2020년 아파트 입주 물량을 살펴보자. 작년 하반기에 완료되지 못한 강동구의 입주 물량이 올해로 밀리며 상반기 입주 물량은 많은 것처럼 보인다. 하지만 강동구 입주 물량과 영등포 신길 뉴타운 입주 물량을 제외하면 턱없이 부족하다. 아래 서울특별시 기간별 수요/입주 그래프를 보면 올해 서울특별시 입주 물량과 수요가 역전되어 있음을 확인할 수 있다. 2021년은 예정 사항을 정확하게 판단할 수 없어서 실제보다 적게 집계됐을 수 있지만, 그걸 고려한다고 해도 상황은 크게 달라지지 않을 것으로 예상된다.

◆ 서울시 기간별 수요/입주

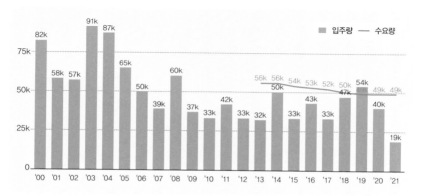

자료 출처 : 트루리포트

CHAPTER 1. 학군과 부동산

◆ 2021년 서울 아파트 입주 물량

	1월	2월	3월	4월	5월	6월	7월	8월	9월	10월	11월	12월	미정	합계
합계	1670	1824	2081	934	954	1446	3244	451	1966	1465	856	1116	3627	21634
강남구	173				106		1996		679					2954
서초구					848	1446	758						220	3272
은평구				879				146		753			1386	3164
노원구									1287				1163	2450
강동구		1824												1824
마포구			1694											1694
양천구	1497													1497
서대문											1116			1116
동대문			79								856			935
중랑구						490				218				708
동작구													514	514
송파구										494				494
영등포			308											308
광진구							305							305
강북구													201	201
강서구													143	143
용산구				55										55
성동구														
관악구														
구로구														
금천구														
도봉구														
성북구														
종로구														
중구														

자료 출처:트루리포트

CHAPTER 2
학군, 새로운 투자의 길

학군은 어떻게 보는가?

　학군은 언제부터 관심을 가져야 하며, 무엇을 보고 따져야 할까? 보통은 자녀의 초등학교 입학이 1차 시기, 초등학교 고학년 또는 중학교 입학 즈음해서 학군 부동산을 찾아보기 시작하는 시점이 2차 시기라고 볼 수 있다. 이전에는 학업성취도, 특목고 진학률, 서울대 진학률, 의ㆍ치ㆍ한(의대, 치대, 한의대) 진학률을 보고 좋은 학군을 따졌다. 하지만 최근에 학군을 계량화하는 것에 대한 의문이 생겼다. 예를 들면, 잠실고등학교의 입시 성적은 그렇게 좋지 않다. 그렇다고 잠실의 부동산 가격이 떨어졌나? 반대로 올랐다. 분명 좋은 부동산이 많고, 계속해서 오르는 지역이다. 대치동에 숙명여중, 강동구에 있는 배재고등학교도 마찬가지다. 학군은 계량화가 어렵고, 입시 정책이 수시로 변화하고 있어서 수치만으로 판단하는 것이 불가능하다. 교육제도와 입시 정책, 부동산 상승 요인 등 다양한 항목들을 비교, 분석하여 따져봐야 한다.

특목고 주춤, 명문 일반고 부활

◆ 주요 대학 정시 모집 비율

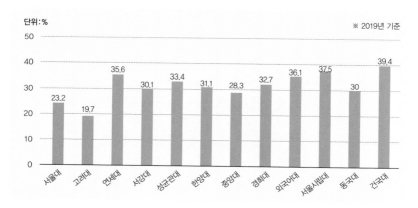

단위:%　　　　　　　　　　　　　　　　　　　　　　※ 2019년 기준

특목고 진학률의 변화, 즉, 특목고가 축소되고 있고, 외고 또한 예전과 비교해 인기가 떨어지고 있다. 왜 그럴까? 몇 해 전부터 내신 따는 데 유리하면서 면학 분위기는 살아있는 지역의 일반고 진학을 선호하는 변화가 일어나기 시작했다. 좋은 동네, 좋은 일반고가 부활했다. 더불어 2019년에 정시 확대 쪽으로 입시 정책이 바뀌며 기존 학군이 더욱 공고해졌다. 교육청이 2020학년도 중학교 3학년부터 대학 입시에 수상 경력, 개인 봉사 활동, 독서 활동, 이 3개 항목의 자기소개서를 폐지한다고 발표했다. 논술 특기자를 줄이고, 학생부 정보 공개 또한 줄여나

갈 예정이라고 한다. 그 결과, 이러니저러니 해도 정시에는 수능이 중요한데, 선행과 심화 학습으로 기초를 단단히 다지려면 학원가는 필수다. 결국, 일반 명문고가 인기를 끌 수밖에 없고 기존 학군이 더욱 공고해질 전망이다.

부동산에 있어서 학군의 두 가지 의미

부동산에 있어서 '학군'은 2가지 의미를 지닌다. 전통적인 학군은 학원이 많이 자리 잡은 학원가를 말한다. 구체적으로는 대치, 목동, 중계, 일산, 평촌, 분당을 일컫는다. 최근에 추가된 새로운 의미는 짧은 통학거리, 안전한 통학이다. 학군에 조금이라도 관심을 가졌던 학부모들은 '초품아'라는 표현을 들어본 적이 있을 것이다. 초등학교를 품은 아파트라는 말이다. 최근에는 학교, 학원 등 교육 관련 기관과의 거리를 기준으로 학군이 형성되고 있다.

학군은 어디에 생길까?

좋은 학군이 자리 잡으려면 몇 가지 요건이 필수적이다. 교육 의지가 강한 학부모 비율이 높아야 하고, 경제력을 갖춘 중산층 비율이 높아야 한다. 단적으로 대치동 학원을 가야 1타 선생님의 현장 강의를 들을 수 있다. 자녀를 대치동 학원에 보낼만한 교육열과 자본이 구비되어 있어야 한다는 말이다. 대형 학원의 대치점이 최상위 학생층이 더 두꺼운 이

유이다. 목동 CMS 파이널 반 상위권 학생이 대치동에 오면 등수가 떨어져 깜짝 놀란다는 말이 괜히 나오는 말이 아니다. 두 번째 요건으로 중대형 및 고급 주택이 많고, 인근 특목고

◆ **좋은 학군이 자리 잡는 지역의 6가지 특징**

- 교육 의지가 강한 학부모들의 구성비가 높다
- 경제력을 갖춘 중산층의 구성비가 높다
- 중대형 및 고급 주택이 많다
- 인근 특목고 수요가 있다
- 학원가가 들어오기 좋은 입지
- 임대료가 비싸지 않은 근생시설 지역

수요가 있고, 학원가가 들어오기 좋은 입지여야 한다. 또는 임대료가 저렴한 근생시설이 많은 지역일수록 학원가가 생기기 좋다. 최근 위의 두 번째 요건을 충족하는 마포구의 대흥역 인근이 신흥 학원가로 떠오르고 있다.

학군의 현재와 미래

학군의 시초이자 대명사가 된 강남 8학군

1976년 강남지역 개발에 맞추어 당시 명문 고등학교 대부분이 강남으로 이전한다. 현재 강남에 있는 명문 고등학교는 모두 그때 이전한 학교들이다. 초기에는 공동학군 1곳, 일반학군 9곳, 총 10개의 학군이 있었고, 그중 강남서초교육지원청의 관할 구역인 8학군의 입시 성적이 매우 좋았기 때문에 '강남 8학군'이 유명해졌다. 2010년에 광역학군제 도입으로 학군제도가 사라졌지만, 8학군은 여전히 강남지역 학군을 지칭하는 용어로 사용되고 있다.

◆ 강남 8학군에 포함되어 있는 명문 학교

휘문고등학교, 경기고등학교, 단국대학교 사범대학 부속고등학교, 숙명여자고등학교,
진선여자고등학교, 중동고등학교 등

대한민국 최대 학군, 대치동

강남 8학군에서도 단연 최고는 대치동이다. 대치동 학원가 권역은
대치동, 역삼동, 도곡동을 아우른다. 대치동은 테헤란로를 중심으로 테
헤란로 북쪽인 테북, 테헤란로 남쪽인 테남으로 나눌 수 있다. 테북은
압구정동, 청담동, 삼성동, 논현동 등을 포함하는데, 이 지역에는 학원

◆ 대치동 학원가 권역

가가 크게 형성되지 않았다. 테남은 대치동, 역삼동, 도곡동이 포함되는 양재천 북쪽 지역으로, 우리가 흔히 일컫는 대치동 학군이다.

대치동 학원가는 규모가 워낙 커서 대치동 안에서만 대치동 북쪽인 대북, 대치동 남쪽인 대남으로 나누어 불리고 있다. 대치동 북쪽은 학원이 많이 들어와 있고, 대치동 남쪽은 주거지역인 아파트가 주로 들어와 있다.

기존의 대치동 학원가는 은마아파트를 중심으로 열 십(十)자를 그리며 사거리를 중심으로 형성되어 있었다. 하지만 인근으로 점차 확대되었다. 먼저 래미안 대치팰리스를 중심으로 새로운 학원가가 형성되었다. 래미안 대치팰리스의 경우, 2015년도에 33평 기준 실거래가가 14억 원이었는데 현재 29억 원을 호가한다. 4년 만에 정확히 2배가 뛰었다. 삼성아파트는 구축임에도 불구하고 신축만큼 가격이 뛰었다. 2015년도에 9억 원대에 거래되었지만, 현재 매매가는 22억5,000만 원에 달한다.

탄천을 끼고 있는 '우쌍쌍'이라고 불리는 곳도 많이 올랐다. 우성아파트와 쌍용 1·2차 아파트 단지를 말한다. 은마아파트 사거리를 중심으로 하던 학원가는 확장 중인데, 한티역을 중심으로 역삼동에 초등학교 학군이 발달하면서 초등학생 대상 학원가가 형성되었다. 도곡렉슬 아파트 상가까지 학원가가 확장되는 중이고, 도곡렉슬의 경우, 12억 원대에서 약 24억 원까지 올랐다.

◆ 양천구 목동 학원가

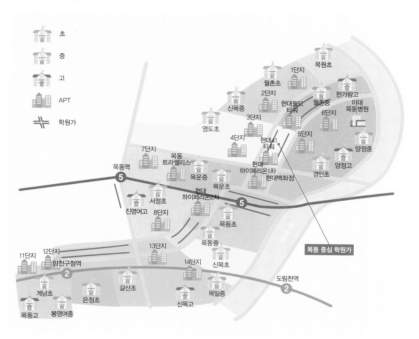

보낼 수 있을 정도로 많은 학원이 밀집해 있다. 자녀 진학 문제로 인한
이사 고민 없이, 교육이 해결되는 지역에 오래 거주하고 싶은 투자자에
게 딱 맞는 지역이다.

추가로 목동의 아파트 대부분이 1980년대에 지어진 구축인데, 2017
년도부터 재건축 이슈와 함께 상승세를 타며, 가격이 많이 올랐다. 기존
의 학군으로서의 이점과 높은 재건축 가능성으로 미래 가치까지 반영되
어 투자 가치는 배가 된 셈이다.

결국, 목동의 테마는 '학군'이다

우리가 '목동'이라 일컫는 곳은 행정구역상 목동인 곳과 신정동 일부를 말한다. 목동은 본래 서울올림픽을 앞두고 내한하는 외국인이 비행기에서 서울의 멋들어진 모습을 볼 수 있게 하려고 지었다고 알려져 있다. 계획도시인 셈이다. 계획도시답게 1~7단지와 8~14단지가 쌍둥이처럼 통일된 모습을 하고 있다. 그리고 이 아파트와 상가를 둘러싼 도로가 길게 일방통행으로 이어지는데 이 도로와 오목교역을 중심으로 위 단지가 1~7단지, 아래가 8~14단지다. 학원가는 5단지 인근 상가에 가장 많이 형성되어 있다.

목동의 '부동산 가치'는 학군 지역인지 아닌지에 따라 정해진다. 목동의 테마는 '학군'임을 잊으면 안 된다. 만약 목동 지역에 투자를 생각하고 있다면, 그 매물이 목동 학군 학교에 배정받는지 꼭 알아봐야 한다. 행정구역상 신정동이라고 해도 좋은 학군에 배정받는 단지라면 목동 학군인 셈이다. 반면 행정구역상 목동이어도 좋은 학군에 배정받지 못한다면 목동 학군이 아니다. 같은 목동이라고 할지라도 학군 단지와 학군 단지가 아닌 지역의 가격은 3배 이상 차이 난다.

◆ 목동 초등 · 중학교별 배정 아파트 단지

구분	배정 아파트 단지
월촌중학교	목동 신시가지 1,5,6단지 / 목동청구, 한신
서정초등학교	목동 신시가지 8단지
신서초등학교	목동 신시가지 9단지
양명초등학교	목동 신시가지 10단지
계남초등학교	목동 신시가지 11,12단지
갈산초등학교	목동 신시가지 13단지
신목초등학교	목동 신시가지 14단지
신서중학교	목동 신시가지 9,11,12단지
양정중학교	목동 신시가지 5,6단지 / 목동청구, 한신 / 부영그린타운 / 미라지
목동중학교	목동 신시가지 8,9단지
봉영여자중학교	목동 신시가지 11,12,13단지
목운중학교	목동 신시가지 7단지 / 목동 트라펠리스/ 파라곤 / 현대 하이페리온
목일중학교	목동 신시가지 13,14단지
신목중학교	목동 신시가지 2,3,4단지

※ 배정 학교는 교육제도에 따라 수시로 변경되니, 꼭 교육청에 문의 및 확인 바람.
   남녀 공학의 경우 같은 단지라도 성별에 따라 배정 학교가 다른 경우가 있음.

비수기에도 뜨는 학군, 중계동

중계동에는 600여 개가 넘는 학원이 자리 잡고 있다. 서울 시내에서 대치동, 목동 다음으로 큰 학원가를 이루고 있다. 중계동은 거주하는 학생 수가 많고, 임대료가 저렴한 중대형 단지들이 밀집되어 있어 학원이 들어오기에 최적의 입지라고 할 수 있다. 을지 중학교를 배정받는 중계동 건영 3차 아파트, 청구 3차 아파트가 가장 많이 올랐다. 2015년에 5억 원 정도 하던 집값이 현재 9억 원대이다.

호재도 있다. 중계동의 최대 단점인 교통이 개선될 전망이다. 중계동 학원가인 은행 사거리에 동북선(상계~왕십리) 전철이 빠르면 2025년에 개통될 예정이어서 투자자들에게는 매력적인 조건이다. 왕십리역은 2호선, 5호선, 경의·중앙선, 분당선이 지나는 쿼드러플 역세권이므로 환승에 유리하다. 하지만 중계동 학원가의 아파트 대부분이 20년 차를 넘어가고 있는데 노원구에는 이렇다 할 대량 신축 공급이 없었다. 그러나 7호선 인근 아파트들이 재건축 연한을 충족하고 용적률이 낮은 단지들이 많다. 그 때문에 리모델링과 재건축이 완공될 시점에 학원가와 신축 아파트의 위상이 어떻게 바뀔지 두고 봐야 한다.

그 외 서울 및 수도권 학군은?

광장동도 제법 유명한 기존의 학군이다. 예전만 하지는 않다고 해도 아직 가성비가 좋기 때문에 연식을 극복하고 꾸준히 오르고 있다. 더불어 잠실이 계속해서 오르고 있어 그 영향도 있어 보인다. 2015년도에 8억7,000만 원이던 힐스테이트 14차가 가장 신축이다. 현재 16억 원대로 2배가량 올랐다. 주변 지역의 6억 원대 초반이던 구축 아파트도 13~14억 원대로 올랐다.

잠실과 반포는 신축이 대량으로 공급되면서 학원이 대량으로 들어오기 시작했다. 2015년에 9억3,000만 원이던 잠실 엘리트가 현재 18억

~19억 원에 거래되고 있다. 바로 이사할 수 있는 정상 물건들은 21억 원대에도 거래가 이루어지고 있다.

마지막으로 학원가가 잘 갖추어진 경기도 학군으로 분당, 평촌, 일산이 있다. 분당에 수내중학교 배정지인 수내동 파크 타운이 6억2,000만 원에서 현재 10억 원대를 돌파했다. 추가적인 개발 호재가 없어 2배까지 오르지는 못했지만, 무시 못 할 상승이다. 평촌 귀인마을 현대홈타운도 마찬가지다. 5억 원대에서 7억~8억 원대로 올랐다.

미래 학군을 주목해야 할 때!

미래 학군에 투자하기 전에 명심해야 할 것이 있다. 미래 학군이라고 해서 대형 학원가가 있는 대치동, 목동과 같은 규모의 학군이 생길 것으로 기대해선 안 된다. 여기서 언급될 미래 학군들은 학부모들이 선호하는 학교가 있는 동네의 대장주, 선호주거지로 인식하면 좋다. 물론 동네에 학원들도 제법 형성된다. 소위 동네가 좋아진다는 개념으로 받아들이고 투자에 활용하면 좋겠다.

마포구, 성동구, 강동구 세 곳이 신흥 학군, 일명 미래 학군이다. 추가로 그 외에도 사이즈가 큰 뉴타운도 여기 해당한다. 최근 입주량이 많은 뉴타운에 학군이 주로 형성될 것으로 예상된다. 뉴타운 지역에는 신축 아파트가 대량으로 공급되기 때문에, 학교, 특히 초등학교가 좋아지기 마련이다. 인위적으로 외부에서 신축을 찾는 입주자들이 들어오면서 학군이 형성되는 경우라고 할 수 있다.

신축 아파트가 4개, 5개씩 밀집해서 들어오면 초등학교가 제일 먼저 좋아진다. 반면, 중학교 학군은 즉각적으로 좋아지지 않는다. 중학교 학군이 좋아지는 데는 약 10년 정도가 소요되며 인근 강세 학군과 물리적으로 멀고, 상위권 학생들을 많이 뺏기지 않는 조건이 충족되어야 자리를 잡는다. 중학생 자녀를 둔 가정으로서 학군을 기대하고 입주한다면 학군지로의 이동을 위해 비과세 후 팔거나, 더 좋아질 곳이므로 여유가 있다면 팔지 말고 세를 주고 나오는 편이 좋다. 물론 자녀가 아주 어리다면, 중학교 학군이 좋아질 시점까지 거주하는 것도 괜찮다.

신도시인 광교, 위례, 미사, 동탄 모두 좋은 평가를 받고 있고 많이 올랐다. 미사까지 집값이 회복되었고 곧 8호선도 개통된다. 규모 면에서 압도적인 동탄2는 2018년도 입주 물량이 너무 많아 대표 단지 외에는 시세 반등이 살짝 주춤했지만, 2019년 들어 많이 회복하며 다시 상승했다. 광교는 수원과 용인에 걸친 명품신도시인데 수원의 시세를 리드하고 있을 정도다.

"학군은 쉽게 무너지지 않는다."

서울과 수도권의 학군은 계속 오르고 있다. 학군의 특성상 주거지역이 많기 때문에 재건축 등의 호재도 매우 많다. 자녀의 교육에 관심이 많은 투자자 또는 안정적인 투자를 원하는 부동산 투자자에게 학군은 언제나 투자 가치가 높은 매물이다. 위에 소개한 학군들과 학군이 형성될 만한 좋은 부동산을 찾아서 투자해야 한다.

PART 5

부동산에 숨어있는 절세 비법

저자 소개

윤나겸 절세TV 대표 세무사

경력 및 전문분야

- 고려대학교 조세법 석사
- 건축 전문 세무사
- 국세청 국선세무대리인
- 한국세무사회 홍보상담위원
- 토마토TV 전산세무 교수
- 중소기업청 비즈니스 지원단 클리닉 위원
- 한국경제TV '부동산 매거진' 역세권 청년주택 세무 자문 위원
- 소상공인시장 진흥공단 컨설턴트
- 한국경제TV, 매일경제TV 등 각종 방송 출연
- 한국경제TV '부동산 엑스포', '경향하우징페어', '코리아빌드 세미나' 등 다수 강연

CHAPTER 1

역세권 청년 주택으로 절세하기

탈세 NO! 절세 HOW?

정부가 종부세를 올려놓고 양도세로 더 조이고 있다. 그런데도 부동산 가격은 계속 오르는 상황이다. 이런 상황 속에서 우리는 어떻게 대처해야 할까? 세금을 고스란히 다 내지 않고 빠져나갈 구멍이 있을까? 법에서 하지 말라는 것을 하면 탈세라고 한다. 하지만 법을 어기지 않고, 법이 정해놓지 않은 부분에서 세금을 줄이면 절세라고 한다. 부동산 시장과 주택 관련해서 세금은 줄이고, 혜택은 더 받을 수 있는 절세 비법들을 알아보자.

◆ **종합부동산세율** (2020년 3월 기준)

※ **종합부동산세(종부세)란?**
과세기준일(매년 6월 1일)을 기준으로 현재 국내에 소재한 재산세 과세 대상인 주택 및 토지를 유형별로 구분하여 각 개인별로 합산한 결과, 그 공시가격 합계액이 유형별 공제금액을 초과하는 경우, 그 초과분에 대하여 매기는 세금

부동산 종류		과세표준	세율
주택	일반	3억 원 이하	0.5%
		3억 원 초과 ~ 6억 원 이하	0.7%
		6억 원 초과 ~ 12억 원 이하	1%
		12억 원 초과 ~ 50억 원 이하	1.4%
		50억 원 초과 ~ 94억 원 이하	2%
		94억 원 초과	2.7%
	조정 2주택 일반 3주택 이상	3억 원 이하	0.6%
		3억 원 초과 ~ 6억 원 이하	0.9%
		6억 원 초과 ~ 12억 원 이하	1.3%
		12억 원 초과 ~ 50억 원 이하	1.8%
		50억 원 초과 ~ 94억 원 이하	2.5%
		94억 원 초과	3.2%
종합합산토지분		15억 원 이하	1%
		15억 원 초과 ~ 45억 원 이하	2%
		45억 원 초과	3%
별도합산토지분		200억 원 이하	0.5%
		200억 원 초과 ~ 400억 원 이하	0.6%
		400억 원 초과	0.7%

◆ **양도소득세율** (2020년 3월 기준)

※ **양도소득세(양도세)란?**
개인이 토지, 건물 등 부동산이나 분양권과 같은 부동산에 관한 권리를 양도하거나 주식을 양도함으로 인하여 발생하는 이익을 과세 대상으로 하여 부과하는 세금

과세표준	세율	기본세율(속산표)
1,200만 원 이하	6%	과세표준 ×6%
1,200만 원 초과 ~ 4,600만 원 이하	15%	(과세표준 ×15%) − 108만 원
4,600만 원 초과 ~ 8,800만 원 이하	24%	(과세표준 ×24%) − 522만 원
8,800만 원 초과 ~ 1억5,000만 원 이하	35%	(과세표준 ×35%) − 1,490만 원
1억5,000만 원 초과 ~ 3억 원 이하	38%	(과세표준 ×38%) − 1,940만 원
3억 원 초과 ~ 5억 원 이하	40%	(과세표준 ×40%) − 2,540만 원
5억 원 초과	42%	(과세표준 ×42%) − 3,540만 원

상속, 증여 언제가 좋을까?

열심히 투자해서 마련한 부동산, 자녀에게 언제 물려주는 게 좋을까? 사람들은 대개 늦으면 늦을수록 좋다고 생각하기 마련인데, 오히려 미리미리 물려주는 것이 현명한 선택이다. 너무 늦어버리면 막상 증여하려는 시점의 공시지가가 너무 높거나, 시가가 너무 올라 이러지도 저러지도 못하는 상황에 처할 가능성이 높다. 또 누구에게 주느냐도 관건이다. 자녀에게 곧바로 물려주는 방법보다 자녀, 며느리, 사위, 손주 등 여러 명에게 나누어 물려주는 방법이 좋다. 방법에 따라 세제 혜택이 많이 달라지기 때문이다. 미리미리 분배해서 물려줘야 세금은 줄이고 혜택은 많이 받으면서 물려줄 수 있다.

주거복지 정책이 투자 기회?

역세권 청년 주택 사업은 서울시가 역세권 관련 각종 규제를 완화하고 개발 심의, 허가 절차를 간소화하여, 많은 민간사업자의 참여를 유도하고 있는 주거복지 정책이다. 대학생, 사회초년생, 신혼부부를 대상으로 시세보다 낮은 가격에 쾌적한 환경의 임대주택을 공급하기 위한 사업이다. 보유 중인 기존의 토지에 역세권 청년 주택을 건축할 경우, 정부로부터 다양한 지원을 받을 수 있고, 부동산을 매수할 때도 낮은 이자율로 대출받을 수 있으므로 자산 증식에 도움이 될 뿐만 아니라 다주택에 대한 강력한 규제 속에서 마지막 남은 절세 기회라고 할 수 있다. 부동산 투자자에게는 확실한 투자처다.

기존에 임대사업을 하고 있지 않았더라도 역세권 토지를 보유하고 있다면 기회가 될 수 있다. 가지고 있는 토지 근처에 지하철이 생기면서 부동산의 가치는 올랐는데, 현금 유동화는 할 수 없고, 자녀에게 물려주려고 했더니, 막상 자녀가 세금 낼 돈이 없어서 계속 갖고만 있는 사람들이 이에 해당한다. 역세권 청년 주택을 통해 물려주고 싶어도 물려줄 수 없었던 토지를 다양한 세제 혜택을 통해 부담 없이 물려줄 수 있다.

한국경제TV 〈부동산 매거진〉에서 역세권 청년 주택 세무 자문을 진행하며 다양한 시뮬레이션을 돌려보았다. 부모가 현재 보유 중인 부동산을 자녀에게 바로 증여했을 때, 10년 뒤에 상속했을 때, 역세권 청년 주택을 지어서 자녀에게 팔았을 때 등 각각의 세금이 얼마인지 계산해보고 비교·분석했다. 대표 사례 세 가지의 분석 결과를 통해 역세권 청년 주택으로 얻을 수 있는 절세 혜택과 효과를 알아보자.

주택 임대사업자 등록하고 세제 혜택받자!

◆ 주택임대사업자 등록 시 세제 지원 혜택

구분		전용면적(㎡)		비고
		40 이하	40~60	
취득세	공공 지원 민간임대 (8년)	1호 이상 임대 (다만, 취득세액 200만 원 초과 시 85% 감면)		지방세특례법 제31조 및 제177조의 2 (전용면적별 감면)
재산세	공공 지원 민간임대 (8년)	재산세액 50만 원 초과 시 85% 감면	75% 감면	지방세특례법 제31조의 3 및 제177조의 2 (전용면적별 감면)
임대소득세	공공 지원 민간임대 (8년)	75% 감면		조세특례제한법 제 96조
양도소득세	공공 지원 민간임대 (8년)	① 양도소득세 장기보유 특별공제율 적용 (소득공제율) ※ 민간임대주택으로 등록하여 8년 이상 임대한 경우, 전용 면적 85㎡ 이하 및 6억 원 이하(수도권 외 3억 원 이하), 임대료 인상률 5% 이하, 8년 이상 임대 시 50~70% 감면		조세특례제한법 제97조의 3
		① 다주택자 중과세 ※ 민간건설임대주택 대지면적 298㎡ 이하, 전용면적 149㎡ 이하, 6억 원 이하, 2호 이상, 임대료 인상률 5% 이하, 8년 이상 임대의 경우 다주택중과세 배제*		소득세법 시행령 제167조의 3
종합부동산세	건설형 임대	합산배제	종합부동산세법 시행령 제3조 ①항 7호 149㎡ 이하 & 6억 원 이하, 2호 이상, 8년 이상 임대 시 적용	

---

* 대지면적 298㎡ 이하가 1호당 대지면적인지, 임대주택 전체 대지면적인지 세법 규정이 명확하지 않으며 현재 (2020년 3월 기준)까지 해석이 없는 상태. 대다수 전문가는 호당 면적으로 해석하고 있으므로 역세권 청년 주택 임대사업자는 다주택자 중과배제를 적용할 가능성이 있지만, 실행 전에 사전질의를 통해 확답을 받는 것이 중요함. 대부분 법인사업자로 진행하므로 개인사업자로 진행하는 경우만 고려대상임.

역세권 청년 주택 사업 사례를 살펴보기 전에 세제 혜택을 볼 수 있는 제도를 하나 더 알아보자. 2~3년 전부터 논란이 있는 주택 임대사업자 등록이다. 다주택자가 임대사업자로 등록하면 세제 혜택을 받는 줄 알았는데, 막상 재산세를 납부하고 보니 숨은 항목들이 너무 많아서 반발이 있기도 했다. 주의 깊게 살펴보고 해당하는 혜택들을 잘 고려해야 한다.

주택 임대사업자 등록 제도는 정부에서 적극적으로 권하고 있는 사업 중 하나다. 세제 혜택이 파격적이다. 40㎡ 이하는 취득세, 재산세가 대폭 감면된다. 가장 큰 혜택은 양도소득세에 있다. 개인이 부동산을 오래 보유하면 양도소득세 장기 보유 특별 공제를 받게 되는데, 다주택자는 여기서 배제된다. 하지만 다주택 임대사업자라도 8년 이상 임대하는 경우 50%, 10년 이상 임대하는 경우 70% 장기보유특별공제가 가능하다. (한시적으로 2020년 6월까지, 10년 이상 보유 다주택자는 장기보유특별공제 및 중과세 배제 혜택을 받을 수 있음)

다주택자의 경우 임대사업자로 등록해도 다주택자 중과세를 피할 수 없는 상황이다. 다만, 주택을 임대함에 따라 임대 소득이 생기면 소득세를 내야 하는데, 임대사업자는 75%를 감면받는다.

"건물을 허물고 새로 짓거나, 부동산을 추가로 매입하는 것에 대한 두려움, 불안감 때문에 시도하지 못하고 있다면, 지금이라도 등록하고 세제 혜택을 받는 게 현명한 선택이다."

서울시 역세권 청년 주택 사업 지원 혜택

1) 건축비 지원 혜택
평당 약 330만~340만 원 건축비 지원

◆ 건축비 지원 혜택

(단위 : 천원/㎡)

구분 (주거전용면적기준)		건축비 상한가격 (주택공급면적에 적용)
5층 이하	40㎡ 이하	1,026.1
	40㎡ 초과 ~ 50㎡ 이하	1,043.0
	50㎡ 초과 ~ 60㎡ 이하	1,010.5
	60㎡ 초과	1,020.8
6층 이상 ~ 10층 이하	40㎡ 이하	1,101.8
	40㎡ 초과 ~ 50㎡ 이하	1,116.7
	50㎡ 초과 ~ 60㎡ 이하	1,082.4
	60㎡ 초과	1,085.9
11층 이상 ~ 20층 이하	40㎡ 이하	1,041.0
	40㎡ 초과 ~ 50㎡ 이하	1,051.1
	50㎡ 초과 ~ 60㎡ 이하	1,019.4
	60㎡ 초과	1,018.9
21층 이상	40㎡ 이하	1,058.8
	40㎡ 초과 ~ 50㎡ 이하	1,069.0
	50㎡ 초과 ~ 60㎡ 이하	1,037.5
	60㎡ 초과	1,036.8

2) 주차 기준 완화
주차장 확보를 위한 부지 및 공사비 절감(원룸형 주택 기준)

◆ 주차장 기준 완화

구분	당초 기준	일반상업지역	상업지역 외
전용 30㎡	0.5대/세대	0.25대/세대	0.35대/세대
전용 50㎡	0.6대/세대	0.3대/세대	0.4대/세대

- 준주거, 상업지역에서 300세대 이상일 경우 299세대까지 주차장 완화 가능
- 준공업지역에서는 300세대 이상일 경우 주차장 완화 불가
- 지구 단위 계획으로 차량 진입 불허 구간 설정 시 무주차 건물 가능
- 주차대수 120대 이하일 경우, 전부 기계식 주차장 설치 가능
  (120대 이상인 경우 50% 이상 자주식 주차장 설치)

3) 사업자금 대출 지원

◆ 사업자금 대출 지원

구분	내용
보증기관	한국주택금융공사(HF)
보증대상	서울시 역세권 청년 주택 여신위원회에서 선정된 사업자
보증내용	①보증금액:주택 부분 총 사업비의 90%(공공임대 부분 제외) ※총 사업비:대지비, 공사비, 기타사업비, 금융비용이 포함되며 주택 외의 부분 제외 ②보증 수수료:최저 0.1% ③보증서는 추천대상자의 근저당권 1순위 확보 ④보증기간:서울시에서 추천서에 명시한 대출 기간
대출은행	서울시 협약은행

4) 건설자금 대출 및 이자 차액 보전 지원

◆ 건설자금 대출 및 이자 차액 보전 지원

구분	내용
지원대상	서울시 역세권 청년 주택 여신위원회에서 선정된 사업자 (여신위원회는 주택정책과에서 운영, 사업계획 고시를 완료한 사업에 한함)
지원내용	① 여신위원회에서 선정된 사업자에 대하여 '협약은행'이 한국주택금융공사의 보증서를 담보하거나 근저당 설정하여 협약은행의 자체 재원으로 건설자금 대출 ② '서울시'는 '협약은행'에 이차보전금 지급
지원한도	〈건설자금 대출금〉 → 300호 미만일 경우 : ①, ② 중 작은 값 ① 공급호수에 따른 구분 　30호 이상 100호 미만 : 최대 70억 원 　100호 이상 300호 미만 : 최대 120억 원 ② 토지 감정 평가액 이내(감정평가액 : 공시지가의 1.5배) → 300호 이상일 경우 ① 300호 이상 500호 미만 : 최대 200억 원 ② 500호 이상 : 최대 240억 원 ※ 건설자금 및 공급호수는 민간임대주택 기준(공공임대 제외) 〈건설자금 이자 차액 지원〉 지원금리 : 최대 1.5% → 대출(실행)금리 3.5% 미만일 경우 : 본인 부담 2%를 제외한 금리 → 대출(실행)금리 3.5% 이상일 경우 : 1.5%
협약은행	신한은행, 하나은행, 우리은행, 국민은행, 산업은행
대출금리	① 한국주택금융공사의 건설자금보증서를 담보로 하는 대출 　→ 대출금리 : CD(91) + 1.75%(가산금리) ② 한국주택금융공사의 건설자금보증서를 담보로 하지 않는 대출 　→ 대출금리 : CD(91) + 2.30%(가산금리) ※ CD금리 : 금융투자협회 고시 금리를 말함
대출기간	건설기간 + 임대의무기간 8년(연장없음) → 대출 기간이 상당히 길다.

5) 기타 지원 및 완화 내용

◆ 기타 지원 및 완화 내용

구분	내용
임차인 모집 지원	① 서울시가 임차인 책임모집 대행 ② 임차인에게 보증금의 30%(최대 4,500만 원)을 최대 6년간 무이자 지원
사업절차 간소화	① 촉진 지구 : 사업계획승인 또는 건축허가까지 서울시에서 일괄처리 ② 비촉진 지구 : 도시관리계획을 서울시가 직접 입안(해당 구청 입안 절차 생략)
최고높이 완화	3-3-1. 청년 주택 사업대상지에서 지구단위계획과 관련된 다음의 사항은 관련 위원회의 심의를 거쳐 완화할 수 있다. 　　가. 가로구역별 최고높이나 지구단위계획에 명시되어 있는 최고높이
건폐율 상한 완화	3-3-3. 원활한 경관계획 수립 및 가로변 활성화 등을 위해 『국토계획법』제77조에 따라 『도시계획 조례』에 정한 건폐율에도 불구하고 같은 조 및 관계 법령에 따른 건폐율의 상한까지 완화할 수 있다.

역세권 청년 주택 실제 사례

광진구 지주 A씨 사례

◆ A씨 상담 사례 및 전략

지주 A씨 상담 사례	
주소	서울특별시 광진구
면적	약 600㎡
공시지가	약 35억 원
시가	약 100억 원
현재 상태	토지와 낡은 건물

매도 시점	현재 상태로, 10년 뒤 증여		일반 건물 건축 후, 10년 뒤 증여		역세권 청년 주택 건축 후, 10년 뒤 증여	
증여 대상	자녀	배우자	자녀	배우자	자녀	배우자
부과 증여세	약 63억 원	약 60억 원	약 73억 원	약 70억 원	약 106억 원	약 104억 원
증여 자산	약 77억 원	약 80억 원	약 87억 원	약 90억 원	약 124억 원	약 126억 원

지주 A씨 절세 전략

광진구 A씨 소유의 평범한 낡은 건물이다. 공시지가 35억 원, 시가 100억 원이다. 여기서 한 가지 알아둬야 할 사실이 있다. 종부세는 다행히 공시지가를 기준으로 과세하지만, 그 외의 세금은 매도든, 증여든 시가를 기준으로 한다는 점이다. 그런데 그 금액 차이가 어마어마하다. 만약 A씨가 현재 상태로 가만히 가지고 있다가 10년 뒤에 증여하게 되면 시가는 140억 원(2009년도를 기준으로 2019년도의 공시지가 상승률을 대조하여 2029년도의 예상 시가를 계산한 금액)까지 올라간다. 이 기준으로 자녀한테 증여할 때와 배우자한테 증여할 때, 세금이 얼마나 나오는지를 계산하면 부과되는 세금이 60억 원에 가깝다. 실제로는 겨우 80억 원 정도만 물려주는 셈이다.

◆ A씨 역세권 청년 주택 신축 예상 보고서

사업명	광진구 역세권 청년 주택 신축 예상			
사업지 위치	서울특별시 광진구			
대지 면적	약 600㎡(181.5평)			
용도지역	제2종일반주거지역 → 준주거지역			
예상 신축개요				
용적률	200% → 400%		2배 상승	
건축 가능 면적	약 600㎡ → 2,400㎡		4배 상승	
예상 세금 비교				
증여 대상	자녀		배우자	
매도 시점	10년 뒤 증여			
매도 형태	현재 상태	역세권 청년 주택	현재 상태	역세권 청년 주택
세금	약 63억 원	약 106억 원	약 60억 원	약 104억 원
세금 납부 후 자산	약 77억 원	약 124억 원	약 80억 원	약 126억 원
자산 가치	약 161% 상승		약 157.5% 상승	

대안으로 건물을 허물고 신축하는 경우를 생각해볼 수 있다. 먼저 일반 건물로 신축했을 경우, 건축비를 20억 원으로 잡고 10년 뒤에 160억 원 정도에 판매한다고 가정해보자. 그래도 세금이 70억 원가량 부과된다. 세금을 빼고 남는 금액이 90억 원 정도다.

그럼 역세권 청년 주택으로 신축했을 경우는 어떨까? 역세권 청년 주택은 종 상향이 가능해 용적률을 더 높일 수 있다. 당연히 땅값도 오른다. 건축비를 40억 원 정도로 잡고, 10년 후에 230억 원에 판다고 가정했다. 그 결과, 100억 원 가까이 세금을 낸다. 그런데도 자녀와 배우자가 가져가는 금액이 120억 원에 달한다. 세금만 보면 많이 내는 것 같고 불리한 것 같지만, 실제로 수중에 들어오는 자산 가치는 다른 방법들보다 월등히 높다.

구로구 지주 B씨 사례

◆ B씨 상담 사례 및 전략

지주 B씨 상담 사례	
위치	서울특별시 구로구
공시지가	약 80억 원
시가	약 125억 원
제안받은 금액	약 180억 원
현재 상태	아버지 명의 토지

B씨의 절세 전략					
매도 시점	현재 시가로 매도	제안받은 금액으로 매도	일반 건물 건축 후 매도	일반 건물 건축 후 10년 뒤 매도	역세권 청년 주택 건축 후 10년 뒤 매도
양도세	약 30억 원	약 44억 원	약 36억 원	약 50억 원	약 22억 원
세금 납부 후 자산	약 95억 원	약 136억 원	약 114억 원	약 150억 원	약 338억 원

두 번째 사례는 자녀에게 증여하는 경우다. 공시지가가 80억 원인데, 감정평가를 받은 시가가 125억 원으로 책정되었다. 그런데 동네 부동산에서 180억 원을 줄 테니 팔라고 한다. 뭔가 이상하다. 125억 원밖에 안 하는데 왜 180억 원을 챙겨준다고 하지? 뭔가 이유가 있기 때문이다. 자세하게 들어가면, 토지 명의자인 B씨의 나이가 아흔이다. 이제 뭔가 행동을 취하긴 해야 하는데, 당장 증여하자니 상속세가 10년 치 합산

되고, 나중에 하자니, 공시지가는 계속 올라가고 있다. 고민이 안 될 수 없다. 이 상황을 크게 5가지의 방법으로 나누어 분석하였다.

먼저 현재 시가대로 매도한다고 가정하면 B씨가 부담하게 되는 양도세는 30억 원이다. 그럼 수중에 95억 원이 남는다. 제안받은 180억 원에 판다고 가정하면 양도세가 44억 원, 자산이 136억 원. 어느 정도 세금을 고려해도 생각했던 것보다 훨씬 많은 금액의 자산 가치가 떨어진다.

일반 건물을 건축하는 경우에 건축비로 80억 원을 잡고, 건축한 뒤 바로 280억 원에 판다고 가정하면, 세금은 약 36억 원, 공사비 제외하고 회수 가능한 자산은 114억 원 남짓이다. 다음으로 역세권 청년 주택 건축 후, 10년 뒤에 매도할 경우를 생각해보자.

◆ B씨 역세권 청년 주택 신축 예상 보고서

사업명	구로구 역세권 청년 주택 신축 예상		
사업지 위치	서울 특별시 구로구		
대지 면적	1,938㎡(586평)		
용도지역	제3종일반주거지역 → 준주거지역		
예상 신축 개요			
건폐율	50% → 60%		1.2배 상승
용적율	205% → 400%		4.6배 상승
층수	4층 → 9층		2.25배 상승
세대수	6평형 : 119세대 / 12평형 : 49세대		
예상 세금 비교			
매도 시점	세금	세금 납부 후 자산	자산 가치
현재시점 매도	약 30억 원	약 95억 원	약 356% 상승
역세권 청년주택 건축, 10년 뒤 매도	약 22억 원	약 338억 원	

역세권 청년 주택을 건축할 경우, 평수 자체가 상당히 많이 늘어난다. 물론 공사 비용이 많이 들지만, 자산 가치의 상승 폭이 그보다 훨씬 크다. 실질적으로 역세권 청년 주택을 통해 공사 비용을 제외하고도 10년 뒤에 200억 원이 넘는 자산을 챙길 수 있다. 시가보다 높게 제안받은 180억 원에 팔 때 136억 원을 자산으로 챙기던 것에 비해 훨씬 많은 금액이다. 10년 만에 자산이 놀랍도록 증가한다. 결국, 역세권 청년 주택이 현재 할 수 있는 최선책이라 하겠다.

노원구 지주 C씨 사례

◆ C씨 상담 사례 및 전략

지주 C씨 상담 사례			
위치	서울특별시 노원구		
공시지가	약 40억 원		
시가	약 110억 원		
현재 상태	부모님 명의 낡은 건물		
C씨의 절세 전략			
매도 시점	현재 시점 매도 후, 대금 증여	신축 10년 뒤 매도 후, 대금 증여	신축 10년 뒤, 부담부증여	역세권 청년 주택 건축 후, 10년 뒤 부담부증여
총 세금	약 61억 원	약 105억 원	약 95억 원	약 153억 원
세금 납부 후 자산	약 48억 원	약 125억 원	약 135억 원	약 227억 원

지금까지 살펴본 A씨, B씨의 사례가 증여 사례였다면, 노원구 지주 C씨의 사례는 양도 사례다. 조금 특별한 케이스라고 할 수 있다. 부모님

명의로 된 토지와 낡은 건물이 공동명의로 되어 있는 경우다. 이 경우에는 각각의 지분율도 다르고, 필지가 합필되는 경우도 있으므로 검토해야 할 사항들이 보통 때보다 많다. 그래서 매도 후 증여 외에 부담부증여도 고려하고 있다. 공시지가는 40억 원, 부동산에서 지불할 의향이 있는 금액은 110억 원이었다. 탁상감정(卓上鑑定)에 의한 가격, 즉, 탁감가는 80억 원 정도였다.

110억 원을 시가로 잡는다고 가정해보자. 110억 원에 부동산을 매도한 뒤, 증여하는 방법이 있다. 일단 토지에 대한 양도세가 부과된다. 그리고 자녀에게 나눠줄 때, 증여세가 부과된다. 대개는 부동산을 가지고 골치 썩이며 싸우는 게 싫어서 이 방법을 사용하는데, 양도세가 26억 원, 증여세가 35억 원으로 총 세금 61억 원이 부과된다. 110억 원에 토지를 매각했는데 자산으로 절반이 채 남지 않는 셈이다. 일반 건물을 신축한 다음 매도하고 증여하는 경우에도 세금이 105억 원이 나오고, 자산은 125억 원밖에 남지 않는다.

◆ 부담부증여란?

수증자(受贈者)가 증여를 받는 동시에 일정한 부담, 즉 일정한 급부를 하여야 할 채무를 부담할 것을 부수적인 조건으로 하는 증여계약이다. 증여는 수증자가 부담하는 반면 채무 금액의 경우, 양도로 간주하여 주는 이가 양도소득세를 부담하므로 채무를 부담하는 형식으로 부담부증여를 하는 경우 부모가 세율이 상대적으로 낮은 양도소득세를 납부하게 되어 자녀에게 상속 시 절세의 방법으로 활용된다.
즉, 부동산 등을 증여하면서 부동산 담보 대출이나 임대보증금 등 채무를 증여받는 사람이 부담하게 함으로써 증여자의 채무를 수증자가 인수하므로 당해 채무를 공제한 가액에 대해서만 증여세를 부담하는 것이다.

　　이런 막대한 세금을 조금이라도 줄이기 위해 부담부증여를 고려 중이다. 신축한 뒤에 부담부증여를 할 경우, 신축 자금 43억 원을 부모가 전부 상환하는 것이 아니라 부동산 안에 대출이 따라다니게 된다. 그리고 그 대출금은 자녀가 상환하게 되고, 부모는 양도세를 지불한다. 부모 입장에서 보면 본인이 가지고 있던 부채를 자녀에게 파는 것과 같으므로 부채에 대한 부담이 줄어드는 이득을 본 셈이기 때문이다. 자녀 입장에서 보면 부동산을 증여받지만, 부채도 함께 떠안기 때문에 부동산 자산 가치에서 부채를 뺀 금액만 증여받는 셈이다. 결과적으로 그 부채 금액만큼 증여세가 줄어든다. 계산해보면 양도세가 9억 원, 증여세가 86억 원 총 95억 원의 세금이 나온다. 일반 증여한 경우와 부담부증여한 경우, 총 세금이 10억 원, 즉 순자산 가치가 10억 원 차이가 난다. 단순히 어떤 방법으로 증여하느냐에 따라 10억 원이 왔다 갔다 하는 셈이다.

◆ C씨 역세권 청년 주택 신축 예상 보고서

사업명	노원구 역세권 청년 주택 신축 예상		
사업지 위치	서울특별시 노원구		
대지 면적	1,032㎡(312.18평)		
용도지역	제3종일반주거지역 → 근린상업지역		
예상 신축 개요			
건폐율	50% → 60%		1.2배 상승
용적율	250% → 540%		2.16배 상승
층수	5층 → 20층		4배 상승
세대수	6평형 : 88세대 / 12평형 : 36세대		
예상 세금 비교			
매도 시점	세금	세금 납부 후 자산	자산 가치
현재시점 매도	약 61억 원	약 48억 원	약 473% 상승
역세권 청년주택 건축, 10년 뒤 매도	약 153억 원	약 227억 원	

　　마지막으로 역세권 청년 주택의 경우를 보자. 일단 공사비가 더 많이 들어간다. 일반 건물의 공사비인 43억의 약 2배, 93억 원이 들어간다. 이 상태에서 부담부증여를 하면 당연히 공사비만큼 돈을 더 받기 때문에 380억 원에 매도한다고 가정했다. 계산해보면 양도세와 증여세로 내는 세금이 총 153억 원, 자산이 227억 원이다. 자산 가치가 473%만큼 상승한다. 위의 세 가지 사례를 통해 역세권 청년 주택으로 얻을 수 있는 절세 효과에 대해 자세히 살펴보았고, 마지막 사례에서는 부담부증여 제도까지 살펴보았다. 이처럼 역세권 청년 주택 사업은 정부에서 주도하는 주거 복지 사업이지만, 이를 새로운 투자 기회로 활용하면 다양한 지원과 절세 혜택을 받을 수 있다.

Q1 지구 단위 계획과 역세권 청년 주택이 상충하는 경우, 우선순위 변경 · 조정이 가능한가?

A1 기존에 지구 단위 계획이 수립된 지역은 개발 밀도와 건축계획이 세부적으로 정해져 있다. 역세권 청년 주택 사업 시, 지구 단위 계획이 완화되어야만 층수나 용적률 등 기타 세부적인 건축계획이 가능하다면, 기존 도시 관리 계획인 지구 단위 계획을 완화 적용해서 사업을 시행할 수 있다.

Q2 지하 개발 시 지주 재량 개발 가능 범위는 어떻게 되는가?

A2 사업구역 내에서는 얼마든지 가능하다. 대출도 포함된다.
단, 주거에 속하는 부분만 해당하며, 비주거 부분은 스스로 부담해야 한다.

Q3 노선 상업지 20% 이상인지 초기에 측량 없이 알 방법이 있는가?

A3 토지 이용 계획 이용원을 가지고 계산하면 어느 정도 알 수 있지만, 정확성이 떨어지기 때문에 가장 확실한 방법은 직접 측량하는 것이다.

Q4 역세권 청년 주택 금융 부분에 대해 문의하고 싶으면, 그 창구는 시청, HF, 은행 중 어디인가?

A4 서울시, HF, 은행 모두 기관이 다르다 보니 하나의 부서로 합쳐지긴 어려워 보인다. 협의를 통해 TFT를 구성하여 민원인들이 궁금한 사항을 도와줄 것으로 예상되는데, 그전까지는 가장 손쉽게 문의할 수 있는 서울시청이 좋을 것 같다.

Q5 용적률을 추가해주고 완화를 해주는데, 기부채납 부분이 더 엄격해질 가능성은 없는가?

A5 기부채납을 높일 생각은 없다. 인센티브를 줄 수 있는 또 한 가지 방법으로 디자인적인 요소가 있다. 디자인이 우수한 경우, 용적률을 20% 추가로 완화해주는 방안 등이 있다. 심의를 통해 결정되는 사항이며 통과될 경우에만 완화해줄 수 있다.

Q6 역세권 청년 주택 시공사 신청기준을 완화 또는 보완할 계획이 있을까?

A6 시공사 신용등급 BB 이상이거나, 300세대 이상 시공 경험, 도급 순위 200위 이상, 이 3가지 요건 중 1개 이상 해당할 경우 시공사로 선정될 수 있다.

Q7 기부채납 분은 건축비를 돌려준다고 하는데, 시점은 언제인가?

A7 기부채납 부분에 대해 부속 토지는 무상으로 받고, 건축비는 표준 건축비로 지급한다. 평당 350만 원 정도, 착공 이후 공사 공정률이 5%가 되면 계약하며 5%씩 진행될 때마다 기성이 지급된다.

Q8 현재 사업비 산정기준이 토지 감정가 기준에서 매매가 기준으로 바뀌었다. 이로 인해 시행사가 진행하는 데 큰 장애 요인이 되고 있는데, 다시 감정가 기준으로 바뀔 가능성은?

A8 HF와 협의를 해야 하는데, 현재 역세권 청년 주택 사업이 목표치에 많이 미달인 상태고, Equity의 비율 역시 20%라 부담을 많이 느끼고 있다는 사실을 인지하고 있다. 가능한 한 부담을 줄이는 방향으로 개정할 예정이다.

Q9 종 상향 최소대지 면적 기준을 500㎡로 하향 조정이 가능한가?

A9 불가능하다. 역세권 청년 주택 사업을 하면서 Spot-zoning(작은 면적을 종 상향해주는 것)을 하면 도서 관리 측면에서 어려움이 있다.

Q10 사업 승인 후 전매하는 것이 가능한가?

A10 1,000㎡ 이상인 촉진지구 대상은 사업시행자를 지정해주는 것이고, 비촉진지구는 사업제한자로 명칭 한다. 촉진지구는 사업시행자이기 때문에 매각할 수 없다. 비촉진지구는 매각이 가능하다. 다만, 인허가 승인 후 매각을 원하는 사람이 늘어남에 따라 국토부에 민특법 개정을 통해 매각이 가능하도록 협의 중이다. 사업 활성화 방안의 일환으로도 꼭 해야 할 필요성이 있다고 생각한다.

Q11 통상 건물을 매입할 때 법인으로 하는데 사업자를 유지하면서 법인 주식을 파는 것이 가능한가?

A11 현재는 불가능하다.

역세권 청년 주택 기존 건축 사례

사례 1)

◆ 동묘앞 역세권 청년 주택 건물 개요

위치	서울특별시 종로구
연면적	기존 9,928㎡ → 변경 9,515㎡ (기본 용적률 900% 부여)
용도	관광숙박시설 → 역세권 청년 주택
규모	지하 3층 ~ 지상 18층
세대 수	238실 (공공임대 31실 / 민간임대 207실)
전용면적	16~43㎡
준공	완료

분석
'동묘 스타일' 확산으로 인해 유동 인구가 많아져 지가가 상승한 지역이다. 당분간 신설동역, 동묘앞역 중심으로 계속 발전해 나갈 것으로 예상된다.

사례 2)

◆ 등촌 역세권 청년 주택 건물 개요

위치	서울특별시 강서구
연면적	약 34,566㎡ (용적률 300% → 500%로 상향)
규모	지하 4층 → 지상 20층
세대 수	500세대 (39C형은 쉐어하우스)
전용면적	18 ~ 39㎡
준공	2020년 12월 예전
편의시설	국공립 어린이집, 청년 주택 등

분석

월드컵 대교(강서구~마포구)가 개통될 예정이고, 서부광역철도(원종~화곡~홍대 입구)가 구축될 예정이다. 젊은 층의 일터가 계속 생기는 지역으로, 부동산으로서 가치가 매우 높다.

사례 3)

◆ 삼각지 역세권 청년 주택 건물 개요

위치	서울특별시 용산구
연면적	대지 약 7,037㎡ / 연면적 약 99,972㎡
규모	지하 7층 ~ 지상 35층, 37층 (2개 동)
세대 수	1,086세대 (공공임대 323세대 / 민간임대 763세대)
준공	2021년 2월 예정
편의시설	근린생활시설, 주민공동시설, 커뮤니티시설, 어린이집, 도서관

분석

1,000세대가 넘는 큰 규모의 역세권 청년 주택이다. 광화문, 마포, 강남권에 접근하기 쉬운 위치로 인해 많은 직장인 수요가 몰릴 것으로 예상된다. 그러나 현재 수요에 비해 공급이 부족한 상태다. 용산공원, 캠프킴 부지 등 상업업무시설이 개발될 예정이고, 고급 아파트와 저층 구옥(舊屋)이 혼재된 지역이라고 할 수 있다.

주택의 미래,
1~2인 가구가 핵심이다

역세권 청년 주택, 과연 누가 승리하는 게임일까?

서울시, 시행사, 시공사 그리고 지주와 입주자 등 역세권 청년 주택 사업에 관여하고 있는 사람 중에서 누가 가장 많은 혜택을 볼까? 앞서 사례들을 통해 지주, 투자자가 얻을 수 있는 투자 가치에 대해서는 확실히 알 수 있었다. 특히 지주 입장에서는 종 상향으로 임대주택 8년 운영 후 매각 시에 높은 시세차익을 기대할 수 있다는 점이 가장 큰 혜택이다. 그럼 입주자, 즉, 청년은 어떨까? 청년 입장에서도 아쉬운 것이 없다. 상대적으로 고가인 역세권 주택을 주변 시세보다 저렴하게 거주할 수 있다.

"지주와 입주자, 투자자와 청년들 모두가 'Win-Win' 할 수 있는 바람직한 주거복지정책이다."

최근 주택 시장의 트렌드

그렇다면 최근 역세권 청년 주택의 트렌드는 무엇일까? 다양한 공용 공간 서비스라고 할 수 있겠다. 주민고용공간, 창업지원 공간 등 커뮤니티 관리에 집중하고 있다. 점점 더 미래주택 형태인 공유주택의 모델에 가까워지고 있는 것이다. 그리고 이를 통해 입주민의 삶의 쾌적도가 올라갈 것으로 예상된다.

연령별로 주거 트렌드를 살펴보면, 20~30대는 도심권에 소형 주택, 저가 주택 또는 차가 주택에 임대하여 거주하는 것을 선호한다. 40~50대로 넘어가면 도심보다는 외곽이나 신도시, 소형 주택보다는 중형 주택, 중가격 주택을 선호한다. 가격이 조금 있는 주택을 선호하다 보니 자연스럽게 새 주택, 자가 주택을 원하고 있다. 60~70대는 소득에 따라 조금 갈리는 경향이 있다. 중간 소득층은 도심권의 소형 고급주택 혹은 도심 근교의 중저가 생태주택을 선호하고, 저소득층은 오히려 20~30대와 유사한 주거 선호 패턴을 보인다.

"소득의 양극화로 인해 고급주택과 저급주택의 수요가 이원화되고 있다."

통계청은 2047년에는 1~2인 가구가 차지하는 비중이 70%가 넘을 것으로 예상했다. 더불어 인구를 기반으로 한 주택 수요는 어느 시점에 이르러서는 오히려 감소할 것으로 예상되지만, 가구 기반으로 한 주택 수요는 꾸준히 증가할 것으로 예상된다. 결국 1~2인 가구의 증가가 주택 수요의 핵심이 될 전망이다.

중국의 고독경제(孤獨經濟)

1인 가구의 증가는 비단 우리나라만의 문제는 아니다. 중국 청년층을 중심으로 새로운 경제 영역의 키워드 '고독경제(孤獨經濟)'가 생겨났다. 고독경제라는 말은 2018년부터 중국 각종 매스컴에서 사용하기 시작하며, 널리 쓰이게 되었다. 중국의 주된 소비계층은 본래 5인 가구, 적으면 3인 가구로 구성되어 있었다. 하지만 최근 그보다 작은 가구, 1인 가구로 바뀌고 있으며, 이들이 선호하는 소비제품이 기본생활필수품에서 마음을 만족시키는 상품으로 바뀌고 있다. 이러한 경제 상황을 고독경제, 소위 '나 홀로 청년들'이라고 불리는 1인 가구의 소비문화를 '고독소비(孤獨消費)'라고 부른다.

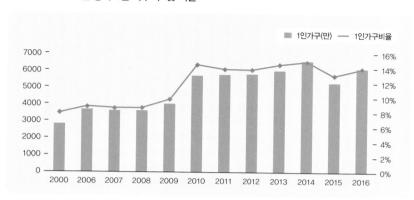

◆ 2000~2016년 중국 1인 가구 수 및 비율

자료 출처 : 중국 국가통계국(國家統計局), 티엔펑증권연구소(天風證券研究所)

중국 고독경제의 주 소비층인 '나 홀로 청년들'은 주로 독신으로 임대
주택에 거주하는 것을 선호한다. 이러한 상황에서 비롯된 고독감과 대
도시에서 성공하고 살아남아야 한다는 부담감을 해소하기 위한 고독소
비가 중국 경제 전반에 깔려있다. 많은 전문가들은 결국 주택 시장도 이
러한 고독경제의 흐름을 따라갈 것으로 전망한다.

"청년층의 외로움으로 인한 소비심리가 미래 주거에 대한 방향성을
'공유주거(共有住居)' 형태로 변화시키고 있다."

중국의 국제 청년 아파트(샤오미 아파트)

이러한 트렌드의 변화를 반영한 주택들이 중국에는 이미 속속들이
나오고 있다. 대표적으로 '샤오미 아파트'라고 불리는 'YOU+ 국제청년

공우(國際靑年公寓)', 국제 청년 아파트가 있다. YOU+, 일명 유플러스의 대표 리우 양은 2011년에 광저우의 오래된 치약공장을 임대해 방 133개와 주방, 서재, 세탁실 등 공용 공간을 함께 쓰는 공유 아파트를 만들었다. 유플러스는 현재 8개 도시에 30개 점, 5,000가구가 함께 사는 공유 주거 브랜드로 성장했다. 한 달 임대료가 40만~80만 원대로 형성되어 있다. 대도시의 평균 주거 렌트비와 비슷한 수준이다.

◆ 유플러스 주택 전경 및 커뮤니티 시설

자료 출처 : 유플러스 홈페이지

샤오미가 투자한 뒤부터 '샤오미 아파트'라고도 불리고 있는데, 미래 주택의 본보기에 어울리게 샤오미의 IoT(Internet of Things) 생태계가 구축되어 있다고 한다. 애플리케이션을 통해 유플러스 전 지점 입주민들이 연결되어 있고, 400개의 커뮤니티가 활성화되어 있다. 또한, 지점

마다 사무실로 쓸 수 있는 공간이 있다. 이 사무실은 입주자들이 창업하여 사용할 수 있고, 직원 수가 20명 이상이 되면 나가야 한다. 유플러스에서 탄생한 1억 달러 가치의 벤처기업만 5개다. 중국의 블록체인 업체 중 3분의 1이 유플러스에서 탄생하기도 했다.

영국의 올드 오크(Old Oak)

유럽에도 공유 주거라는 방향성에 충실한 공유 주택이 있다. 바로 영국 런던에 있는 '올드 오크'다. 올드 오크는 입주자들에게 10㎡(3평) 크기의 아주 작은 방을 사적 공간으로 제공하는 한편, 나머지는 모두 공유 공간으로 제공한다. 입주자들은 세련된 도서관에서 책을 읽을 수도 있고, 최신 유행을 담고 있는 식당 시설도 이용할 수 있다. 극장에서 영화를 보거나, 게임방에서 보드게임을 즐길 수 있다. 체육관과 커뮤니티 라운지, 루프톱 정원 같은 아웃도어 공간도 있다. 이 모든 공간은 다른 입주자들과 함께 시간을 보낼 수 있는 공유 공간이다. 이런 주거 형태를 두고 일부 언론에서는 기숙사 같다고도 하여, '성인을 위한 기숙사'란 표현을 쓰기도 한다.

또 빼놓을 수 없는 차별점은 마치 호텔과도 같은 서비스가 제공된다는 점이다. 올드 오크는 입주자들의 방 청소를 해주고, 침대보 또는 이불 등을 정기적으로 세탁해주거나 교체해준다. 입주자들이 시간을 아껴 자신이 원하는 일에만 집중할 수 있도록 도와주기 위한 서비스들이다.

◆ 올드 오크의 커뮤니티 시설

자료 출처 : 올드 오크 홈페이지

대한민국의 미래 주택은?

대한민국도 1~2인 가구가 증가함에 따라 미래 주거에 대한 방향성이 공유 주거 형태로 나아갈 가능성도 충분히 있다. 앞서 해외의 두 공유 주택을 보면 전용면적이 작다고 주거 품질이 내려가지도, 임대경쟁력이 내려가지도 않는다. 오히려 공유 주거의 차별성을 살려서 입주자들에게 새로운 경험을 제공하고 있다.

"밀레니얼 세대에게는 공유 주택이 인기다. 더 나아가 호텔식 서비스가 가능한 주택이 새로운 트렌드가 될 것이다."

역세권 청년 주택 사업을 시도하고자 하는 투자자라면 장기적인 관점에서 이러한 공유 주택에 대해서 사업 진행 전에 한 번쯤 관심 있게 살펴보는 것을 추천한다.

CHAPTER 2
선택 아닌 필수 법인 전환

왜 부동산 법인일까?

　역세권 청년 주택 사업과 마찬가지로 확실한 절세 방법이 또 있다. 바로 법인 전환이다. 먼저 법인 전환을 하는 배경을 역세권 청년 주택 사업과 연계해서 살펴보자. 역세권 청년 주택으로 증여할 때, 부모가 임대사업을 하고 있을 때와 임대사업을 하고 있지 않을 때 두 가지 상황으로 나눠 볼 수 있다.

　첫 번째로 부모가 임대사업을 하고 있지 않을 경우, 증여 대신 양도를 고려할 수 있다. 앞서 본 것처럼 역세권 청년 주택 토지를 살 때 토지 대금의 90% 정도를 2%대의 이율로 대출받을 수 있다. 이는 부모·자녀 간의 관계를 묻지 않기 때문에 자녀가 부모의 땅을 살 수 있다는 말이다. 증여하는 경우엔 세금이 많이 나오기 때문에 양도하는 쪽으로 방향을 바꾼 것이다. 부모 입장에서는 양도세는 나오지만, 양도세를 뺀 나머지를 현금으로 이용할 수 있다. 그리고 그 현금은 자녀가 세운 법인 등에 빌려주거나 투자할 수 있다.

두 번째는 부모가 임대사업을 하고 있을 경우다. 이 경우, 부모가 부동산을 소유한 채로 법인 전환하는 방법이 있다. 개인사업자에서 법인이라는 틀만 추가된다고 생각하면 쉽다. 개인이 내야 했던 양도세를 바로 내지 않고 법인이 처분할 때 내도록 하는 것이다. 다만, 개인에서 법인으로 전환할 때 법인이 부동산을 취득하는 셈이기 때문에 취득세를 내야 하는데, 취득세는 75%까지 감면받을 수 있다. 자녀는 법인의 직원으로 들어와도 되고 출자하여 주주로 참여해도 된다. 그 과정에서 지분을 조금씩 늘려가거나 배당금을 더 받아 가면서 재산을 늘려갈 수 있다.

당장 재산, 부동산을 자녀에게 주고 싶어도 못 주는 이유가 증여세, 양도세, 취득세 때문인데, 이런 법인 전환을 통해 절세 혜택을 받으면서 천천히 물려주는 게 가능하다. 그럼 정확히 법인과 개인의 차이점을 뭘까? 취득세 75% 감면을 제외한 다른 혜택에는 뭐가 있을까?

개인과 법인은 무슨 차이가 있을까?

◆ 법인 전환의 이점

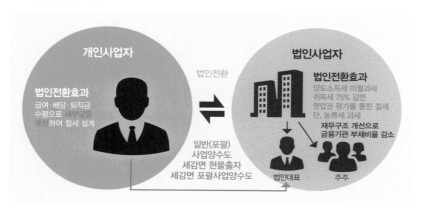

상담을 진행하다 보면 막연하게 "개인이 좋을까요? 법인이 좋을까요?" 물어보는 사람이 많다. 대답은 "그때그때 달라요."다. 업종에 따라 세부 조건이 달라지기 때문에 둘 중에 무엇이 좋다고 단정 지어 말하기 어렵다. 하지만 일반적으로 사업의 규모가 어느 정도 커지면 법인 전환을 추천한다.

법인은 소득 분산이 가능하다

개인과 법인의 가장 큰 차이는 세율 차이다. 법인은 중과(重課) 규제 없이 단일 세율을 적용받으며, 비교 과세의 영향 또한 받지 않는다. 다만, 법인이 임대업을 하는 경우, 토지 등 양도소득세가 부과되는데,

◆ **개인과 법인의 세율 비교** (조정대상지역의 경우)

	구분	세율	비고
개인	1주택	비과세 또는 일반과세(6%~24%)	–
	2주택	10% 할증 과세(16%~52%)	장기보유특별공제 배제
	3주택	20% 할증 과세(26%~62%)	장기보유특별공제 배제
법인	2억 원 미만	10%	
	2억 원 이상	20%	
	200억 원 ~ 3,000억 원	22%	주택 수 관계없음
	3,000억 원 초과	25%	

토지 등 양도차익에 대한 법인세 10% 추가 과세

낮은 세율의 이점이 이를 전부 상쇄시켜준다. 법인은 이익에 대해서 2억 원까지는 10%, 2억 원 초과분은 20%의 세율을 적용받는다. 개인이 6%~42%까지 세금을 내야 하는 것에 비하면 법인이 확실히 유리하다. 또 소득을 분산하여 받아야 절세 효과를 기대할 수 있는데, 개인은 소득 분산이 불가하다. 개인의 경우, 1년 치 소득을 합산해서 다음 연도 5~6월에 세금을 납부하고, 법인은 다음 연도 3~4월에 납부하는 방식은 동일하지만, 법인은 소득 분산이 가능하다. 물론 법인에서 개인에게 지급한 근로소득, 퇴직소득, 배당소득 등은 수령한 개인이 1년 치를 합산해서 신고하기는 해야 한다.

추가로 낮은 세율 외에도 법인사업자가 개인사업자보다 대외공신력 및 신용도가 높아 자금 조달이 수월하고, 개인의 책임과 부담이 현저히 줄어든다는 이점도 있다.

법인을 통한 절세 방안

법인의 최대 장점, 양도소득세 이월과세

개인에서 법인으로 넘어갈 때 가장 큰 혜택 중 하나는 양도소득세 이월과세라고 할 수 있다. 사례와 함께 알아보자.

◆ 양도소득세 이월과세란?

개인사업자의 사업용 고정자산을 법인 전환에 따라 법인에 양도하는 경우 양도소득세를 부과하지 않고, 사업용 고정자산을 양수한 법인이 그 자산을 양도하는 경우 개인사업자가 종전 사업용 고정자산을 같은 법인에 양도한 날이 속하는 과세기간에 다른 양도자산이 없다고 보고 계산한 양도소득세 산출세액의 상당액을 법인세로 납부하는 것

◆ 양도소득세 이월과세 사례

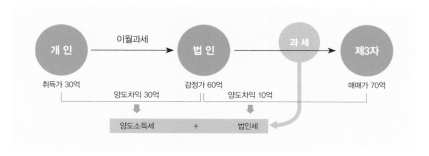

개인으로 30억 원에 취득한 부동산이 있다고 가정해보자. 이를 법인으로 넘기려고 하는 시점의 감정가는 60억 원이다. 양도차익 30억 원에 대한 양도소득세를 내야 하는데, 이 금액이 어마어마하다. 이때 법인 전환을 통해 양도세를 법인에 떠넘기는 것이다. 그럼 법인은 세금을 언제 내는가? 제삼자에게 팔 때 양도세를 내면 된다. 나중에 제삼자에게 70억 원에 팔았다고 가정하면 10억 원의 이득에 대한 법인세를 내면 되고, 양도소득세 당시의 세율을 적용한다. 당장 개인이 내야 했던 양도소득세와 법인이 이 부동산을 취득할 때 내야 하는 취득세의 부담을 크게 줄일 수 있다.

단, 양도소득세 이월과세는 사전에 신청이 필요하고, 사업용 고정자산 양도일로부터 5년 이내에 임대사업을 폐지하거나 지분을 50% 이상 처분해서는 안 된다. 정상적으로 임대업을 지속하고, 단지 사업자 형태를 개인에서 법인으로 바꾸는 때에만 혜택을 준다는 말이다. 5년이라는 시간 동안 지분을 50% 이상으로 유지하다가, 5년이 지난 후에 50% 이상을 처분하거나, 사업을 폐지하는 방법이 있다. 결국, 사전에 신청하고, 5년이라는 시간 동안 임대사업을 지속한다면 위의 세제 혜택을 손쉽게 얻을 수 있다.

초과 배당을 활용해라

가족을 주주로 구성했을 때, 차등배당 및 급여를 통해 자녀에게 재산 및 자금 마련을 도와줄 수 있다. 주식회사의 자본금은 실질적으로 주주 여러 명이 각각 1주씩 가지고 있다. 각각 1주라는 말은 개인이 투입한 부분 만큼의 주식을 가지고 있다는 말이다. 10%의 자본을 투입했으면 10%의 지분을 가지고 있는 거고, 100% 투입했으면 100%의 지분을 가지고 있는 셈이다. 법인의 이익을 배당할 때, 지분을 기준으로 지급된다. 지분을 자녀가 10%, 부모가 90% 가지고 있다고 가정했을 때, 상법상 균등 배당원칙에 따라 배당금도 자녀가 10%, 부모가 90%를 가져가는 것이 맞다.

하지만 초과 배당이라는 개념이 있다. 이는 가지고 있는 지분보다 더 많이, 초과해서 배당을 받는 것을 말한다. 2016년도에 제정된 세법에 따르면, 배당은 균등 배당이 원칙이지만 불균등하게, 본래 가져가야 하는 배당보다 더 많이 가져가더라도, 배당소득세만 납세한다면 문제가 없다. 배당보다 더 많이 가져가는 초과 배당을 한다고 하더라도 배당소득세만 제대로 납세한다면 법적으로 인정해준다는 말이다. 무슨 얘기냐 하면, 증여세를 추가로 부과하지 않겠다는 말이다. 배당금이 100만 원이 나오면, 부모가 90만 원, 자녀가 10만 원을 가져가는 게 맞지만, 부모가 배당을 포기하면 자녀가 100만 원을 모두 가져갈 수 있는 셈이다. 법인의 초과 배당을 통해 자녀가 소득, 재산을 지속해서 축적할 수 있게 되었다.

증여와 배당의 차이

증여와 배당의 차이는 뭘까? 증여에는 증여세가 나오고 배당에는 배당소득세가 붙는다. 그런데 특수관계자 사이의 증여일 경우, 10년 치를 합산하여 과세한다. 반면 배당은 1년에 1번씩 나온다. 쉽게 말해서 10년 동안 매년 해당연도의 배당소득세만 납부하면 된다. 추가적인 재산을 증여할 수 있는 여유가 생긴다. 그뿐인가, 배당은 이익이 났다고 해서 100%를 가져가지 않아도 된다. 본인의 근로소득이라든지, 타 소득과 비교하여 적정하게 낼 수 있는 세금만큼만 배당을 받아 가면 된다. 그 해에 소득이 별로 없으면 전부 받아 가도 되고, 소득이 높으면 덜 받아 가도 문제 되지 않는다. 이렇게 소득을 유보할 수 있다는 혜택 또한 법인으로 전환했을 시 얻는 이점이다.

"법인이 세율도 낮고 관리하기 훨씬 편하다."

결론을 내리자. 다주택을 보유하고 있고, 사업 규모가 어느 정도 커지고 있는 경우, 법인 전환을 통해 앞서 설명한 다양한 절세 혜택을 활용하는 것이 합리적이다.

주요 학군 지역 아파트 시세

주요 학군 지역 아파트 시세

출처 : KB부동산 (2020년 4월 17일 기준)
※ 실제투자금 = 일반평균 매매가 − 상위평균 전세가
※ 전세가율 = 상위평균 전세가 ÷ 일반평균 매매가 × 100
※ 평수계산 = 공급면적 × 0.3025
※ 평당가 = 일반평균 매매가 ÷ 평형
※ 단위 : 공급면적/전용면적 : ㎡
　　　　 일반평균 매매가, 상위평균 전세가, 실제투자금, 평당가 : 만 원
　　　　 전세가율 : %

◆ 서울시 강남구 대치동 학군

동	아파트명	공급면적/전용면적	매매_일반	전세_상위	실제투자금	전세가율	평형계산	평당가
대치동	개포우성1차	102.48/84.8	250,000	100,000	150,000	40	31	8,064
대치동	개포우성1차	148.76/127.62	315,000	140,000	175,000	44	45	7,000
대치동	개포우성1차	181.82/158.54	377,500	150,000	227,500	40	55	6,864
대치동	개포우성1차	214.88/189.98	430,000	165,000	265,000	38	65	6,615
대치동	개포우성2차	101.09/94.74	250,000	100,000	150,000	40	31	8,175
대치동	개포우성2차	146.6/137.76	320,000	140,000	180,000	44	44	7,216
대치동	개포우성2차	180.54/159.86	382,500	150,000	232,500	39	55	7,004
대치동	대치삼성(래미안)	85.68/59.88	157,500	73,500	84,000	47	26	6,077
대치동	대치삼성(래미안)	108.24/84.58	205,000	122,500	82,500	60	33	6,261
대치동	대치삼성(래미안)	124.57/97.35	232,500	141,500	91,000	61	38	6,170
대치동	대치삼성(래미안)	133.46/108.52	251,500	149,000	102,500	59	40	6,230
대치동	대치삼성(래미안)	139.27/109.04	251,500	149,000	102,500	59	42	5,970
대치동	대치아이파크	78.71/59.96	182,500	100,000	82,500	55	24	7,665
대치동	대치아이파크	108.17/84.95	237,500	135,000	102,500	57	33	7,258
대치동	대치아이파크	111.3/84.98	242,500	147,500	95,000	61	34	7,203
대치동	대치아이파크	147.99/114.97	285,000	185,000	100,000	65	45	6,366
대치동	대치아이파크	154.27/119.58	295,000	190,000	105,000	64	47	6,321
대치동	대치아이파크	179.41/149.78	330,000	202,500	127,500	61	54	6,081
대치동	대치현대	88.68/59.82	141,500	65,000	76,500	46	27	5,275
대치동	대치현대	111.62/85	187,500	97,500	90,000	52	34	5,553
대치동	대치현대	129.45/101.6	207,500	110,000	97,500	53	39	5,299

동	아파트명	공급면적/전용면적	매매_일반	전세_상위	실제투자금	전세가율	평형계산	평당가
대치동	대치현대	143.66/114.59	222,500	125,000	97,500	56	43	5,120
대치동	래미안대치 하이스턴(우성2차)	142.62/110.39	245,000	152,500	92,500	62	43	5,679
대치동	선경(1차)	102.47/94.89	247,500	92,500	155,000	37	31	7,985
대치동	선경(1차)	138.84/128.32	287,500	112,500	175,000	39	42	6,845
대치동	선경(1차)	158.67/136.67	310,000	127,500	182,500	41	139	2,234
대치동	선경(1차)	188.43/163.94	360,000	137,500	222,500	38	57	6,316
대치동	선경(2차)	102.47/84.55	245,000	90,000	155,000	37	31	7,904
대치동	선경(2차)	148.76/127.75	310,000	127,500	182,500	41	45	6,889
대치동	선경(2차)	181.81/160.76	355,000	137,500	217,500	39	55	6,455
대치동	쌍용2차	102.47/95.48	196,500	69,000	127,500	35	31	6,339
대치동	쌍용2차	141.71/132.05	235,000	90,000	145,000	38	43	5,482
대치동	쌍용대치(1차)	102.36/96.04	200,000	69,000	131,000	35	31	6,459
대치동	쌍용대치(1차)	150.54/141.22	245,000	92,500	152,500	38	46	5,380
대치동	쌍용대치(1차)	173.48/162.71	275,000	105,000	170,000	38	52	5,240
대치동	우성(1차)	102.01/95.27	192,500	69,000	123,500	36	31	6,238
대치동	우성(1차)	133.98/125.17	227,500	90,000	137,500	40	41	5,613
대치동	은마	101.52/76.79	192,500	59,000	133,500	31	31	6,268
대치동	은마	115.54/84.43	209,000	69,000	140,000	33	35	5,980
대치동	한보미도맨션(1차)	112.39/84.48	220,000	84,000	136,000	38	34	6,471
대치동	한보미도맨션(1차)	152.06/128.01	277,500	110,000	167,500	40	46	6,033
대치동	한보미도맨션(1차)	188.43/161.36	310,000	127,500	182,500	41	57	5,439
대치동	한보미도맨션(1차)	221.48/191.07	375,000	150,000	225,000	40	67	5,597
대치동	한보미도맨션(2차)	115.7/84.96	220,000	85,000	135,000	39	35	6,286
대치동	한보미도맨션(2차)	135.53/115.05	257,500	100,000	157,500	39	41	6,281
대치동	한보미도맨션(2차)	148.76/126.33	267,500	110,000	157,500	41	45	5,944
대치동	한보미도맨션(2차)	185.12/159.15	320,000	125,000	195,000	39	56	5,714
대치동	한보미도맨션(2차)	218.18/190.47	367,500	140,000	227,500	38	66	5,568
도곡동	도곡렉슬	86.43A/59.97	161,000	87,000	74,000	54	26	6,158
도곡동	도곡렉슬	86.76D/59.99	164,000	86,500	77,500	53	26	6,249
도곡동	도곡렉슬	86.92B/59.98	182,500	93,500	89,000	51	26	6,941
도곡동	도곡렉슬	88.24A1/59.97	161,000	87,000	74,000	54	27	6,032

주요 학군 지역 아파트 시세

동	아파트명	공급면적/전용면적	매매_일반	전세_상위	실제투자금	전세가율	평형계산	평당가
도곡동	도곡렉슬	88.52C/59.92	169,000	87,500	81,500	52	27	6,311
도곡동	도곡렉슬	88.72B1/59.98	182,500	93,500	89,000	51	27	6,800
도곡동	도곡렉슬	109.37B/84.92	226,500	128,000	98,500	57	33	6,846
도곡동	도곡렉슬	109.51A1/84.99	231,500	129,500	102,000	56	33	6,988
도곡동	도곡렉슬	110.94B1/84.92	226,500	128,000	98,500	57	34	6,749
도곡동	도곡렉슬	111.08A/84.99	229,500	129,500	100,000	56	34	6,830
도곡동	도곡렉슬	143.06A/114.99	272,500	160,500	112,000	59	43	6,297
도곡동	도곡렉슬	143.26C/119.89	262,500	157,500	105,000	60	43	6,057
도곡동	도곡렉슬	143.87B/120.82	262,500	157,500	105,000	60	44	6,032
도곡동	도곡렉슬	167.32/134.9	309,000	182,500	126,500	59	51	6,105
도곡동	도곡렉슬	170.92/138.31	305,000	181,500	123,500	60	52	5,899
도곡동	도곡렉슬	225.29/176.99	337,500	207,500	130,000	61	68	4,952
역삼동	개나리래미안	77.36B/59.7	155,000	82,500	72,500	53	23	6,624
역삼동	개나리래미안	77.59A/59.95	155,000	82,500	72,500	53	23	6,604
역삼동	개나리래미안	77.64C/59.93	155,000	82,500	72,500	53	23	6,600
역삼동	개나리래미안	109.27/84.93	195,000	107,500	87,500	55	33	5,899
역삼동	개나리래미안	146.56/114.65	212,500	125,000	87,500	59	44	4,793
역삼동	개나리래미안	165.29B/129.96	230,000	135,000	95,000	59	50	4,600
역삼동	개나리래미안	165.44A/129.8	230,000	135,000	95,000	59	50	4,596
역삼동	개나리래미안	183.09A/144.98	245,000	142,500	102,500	58	55	4,424
역삼동	개나리래미안	184.38B/144.55	245,000	142,500	102,500	58	56	4,393
역삼동	개나리푸르지오	79.81B/59.68	172,500	86,500	86,000	50	24	7,145
역삼동	개나리푸르지오	79.97A/59.98	172,500	86,500	86,000	50	24	7,131
역삼동	개나리푸르지오	109.39A/84.68	205,000	112,500	92,500	55	33	6,195
역삼동	개나리푸르지오	110.65B/84.99	207,500	115,000	92,500	55	33	6,199
역삼동	개나리푸르지오	166.7A/133.16	245,000	130,000	115,000	53	50	4,859
역삼동	개나리푸르지오	167.28B/132.83	245,000	130,000	115,000	53	51	4,842
역삼동	개나리푸르지오	184.18A/148.8	260,000	142,500	117,500	55	56	4,667
역삼동	개나리푸르지오	184.22B/147.96	260,000	142,500	117,500	55	56	4,666
역삼동	래미안그레이튼	85.64/59.97	165,000	82,500	82,500	50	26	6,369
역삼동	래미안그레이튼	97.47/70.98	180,000	92,500	87,500	51	29	6,105

동	아파트명	공급면적/전용면적	매매_일반	전세_상위	실제투자금	전세가율	평형계산	평당가
역삼동	래미안그레이튼	113.47/84.97	205,000	117,500	87,500	57	34	5,972
역삼동	래미안그레이튼	172.22/142.06	256,000	147,500	108,500	58	52	4,914
역삼동	래미안그레이튼 (진달래2차)	86A/59.78	165,000	82,500	82,500	50	26	6,342
역삼동	래미안그레이튼 (진달래2차)	87.31B/59.91	162,500	81,500	81,000	50	26	6,153
역삼동	래미안그레이튼 (진달래2차)	109.21B/84.87	205,000	117,500	87,500	57	33	6,205
역삼동	래미안그레이튼 (진달래2차)	109.57A/84.81	200,000	112,500	87,500	56	33	6,034
역삼동	래미안그레이튼 (진달래2차)	135.18/105.89	224,500	130,000	94,500	58	41	5,490
역삼동	래미안그레이튼 (진달래2차)	154.89A/120.37	230,000	134,000	96,000	58	47	4,909
역삼동	래미안그레이튼 (진달래2차)	154.96B/121.54	235,000	136,000	99,000	58	47	5,013
역삼동	역삼래미안	80.66A/59.4	156,500	79,000	77,500	50	24	6,414
역삼동	역삼래미안	80.89C/59.53	156,500	79,000	77,500	50	24	6,396
역삼동	역삼래미안	81.24D/59.73	156,500	79,000	77,500	50	25	6,368
역삼동	역삼래미안	81.4B/59.65	156,500	79,000	77,500	50	25	6,356
역삼동	역삼래미안	109.4/80.87	192,500	105,000	87,500	55	33	5,817
역삼동	역삼푸르지오	79.41/59.88	165,000	81,500	83,500	49	24	6,869
역삼동	역삼푸르지오	104.4/84.9	200,000	105,000	95,000	53	32	6,333

◆ 서울시 양천구 목동 학군

동	아파트명	공급면적/전용면적	매매_일반	전세_상위	실제투자금	전세가율	평형계산	평당가
목동	목동신시가지 (1단지고층)	64.59B/47.52	92,000	33,000	59,000	36	20	4,709
목동	목동신시가지 (1단지고층)	64.59D/47.52	92,000	33,000	59,000	36	20	4,709
목동	목동신시가지 (1단지고층)	69.98A/51.48	103,000	38,000	65,000	37	21	4,866
목동	목동신시가지 (1단지고층)	69.98C/51.48	103,000	38,000	65,000	37	21	4,866
목동	목동신시가지 (1단지고층)	88.59/65.34	126,000	45,500	80,500	36	27	4,702
목동	목동신시가지 (1단지고층)	114.82/91.26	160,000	68,000	92,000	43	35	4,607
목동	목동신시가지 (1단지고층)	156.28/116.29	182,500	79,500	103,000	44	47	3,860
목동	목동신시가지 (1단지고층)	190.1/154.44	210,000	93,000	117,000	44	58	3,652
목동	목동신시가지 (1단지저층)	101.36/83.24	133,000	58,000	75,000	44	31	4,338
목동	목동신시가지 (1단지저층)	119.45/98.08	167,500	72,000	95,500	43	36	4,636

주요 학군 지역 아파트 시세

통	아파트명	공급면적/전용면적	매매_일반	전세_상위	실제투자금	전세가율	평형계산	평당가
목동	목동신시가지 (1단지저층)	154.06/125.44	186,000	81,000	105,000	44	47	3,991
목동	목동신시가지(2단지)	84.22/65.82	125,000	50,000	75,000	40	25	4,906
목동	목동신시가지(2단지)	99.12/83.52	144,500	65,000	79,500	45	30	4,819
목동	목동신시가지(2단지)	121.04/97.92	162,500	76,000	86,500	47	37	4,438
목동	목동신시가지(2단지)	148.21/122.31	186,500	90,000	96,500	48	45	4,160
목동	목동신시가지(2단지)	164.06/138.69	196,000	95,000	101,000	48	50	3,949
목동	목동신시가지(2단지)	177.88/144	206,000	105,000	101,000	51	54	3,828
목동	목동신시가지(2단지)	180.54/152.64	211,000	105,000	106,000	50	55	3,864
목동	목동신시가지(3단지)	88.92/64.98	125,000	51,500	73,500	41	27	4,647
목동	목동신시가지(3단지)	100.62/82.43	139,000	62,500	76,500	45	30	4,567
목동	목동신시가지(3단지)	116.03/95.03	164,000	77,500	86,500	47	35	4,672
목동	목동신시가지(3단지)	146.63/116.12	181,500	90,000	91,500	50	44	4,092
목동	목동신시가지(3단지)	168.95B/140.98	197,500	97,500	100,000	49	51	3,864
목동	목동신시가지(3단지)	184.04A/145.13	212,500	102,500	110,000	48	56	3,817
목동	목동신시가지(4단지)	63.18/47.25	103,000	34,500	68,500	33	19	5,389
목동	목동신시가지(4단지)	93.02/65.34	131,000	51,500	79,500	39	28	4,656
목동	목동신시가지(4단지)	115.7/95.34	165,000	77,500	87,500	47	35	4,714
목동	목동신시가지(4단지)	148.76AC/115.65	178,500	84,000	94,500	47	45	3,967
목동	목동신시가지(4단지)	148.76B/108.06	170,500	78,500	92,000	46	45	3,789
목동	목동신시가지(4단지)	181.82/142.2	207,500	90,000	117,500	43	55	3,773
목동	목동신시가지(5단지)	84.64/65.08	146,000	56,000	90,000	38	26	5,702
목동	목동신시가지(5단지)	97.83/83.47	157,000	67,500	89,500	43	30	5,305
목동	목동신시가지(5단지)	118.6/95.28	175,000	80,000	95,000	46	36	4,878
목동	목동신시가지(5단지)	146.17/122.46	208,000	94,500	113,500	45	44	4,704
목동	목동신시가지(5단지)	178.53/142.51	236,000	108,500	127,500	46	54	4,370
목동	목동신시가지(6단지)	65.01/47.94	101,000	34,000	67,000	34	20	5,136
목동	목동신시가지(6단지)	88.32/65.1	133,000	54,000	79,000	41	27	4,978
목동	목동신시가지(6단지)	115.7/95.3	169,000	75,000	94,000	44	35	4,829
목동	목동신시가지(6단지)	150.06/115.19	192,500	95,000	97,500	49	45	4,241
목동	목동신시가지(6단지)	179.54/142.39	213,000	110,000	103,000	52	54	3,922
목동	목동신시가지 (7단지고층)	66.11/53.88	114,500	36,000	78,500	31	20	5,725

동	아파트명	공급면적/전용면적	매매_일반	전세_상위	실제투자금	전세가율	평형계산	평당가
목동	목동신시가지 (7단지고층)	89.25/66.6	142,000	50,000	92,000	35	27	5,260
목동	목동신시가지 (7단지고층)	115.7B/89.05	165,000	68,500	96,500	42	35	4,714
목동	목동신시가지 (7단지고층)	115.7/101.2	186,500	81,500	105,000	44	35	5,329
목동	목동신시가지 (7단지저층)	72.19/59.39	125,000	38,500	86,500	31	22	5,724
목동	목동신시가지 (7단지저층)	77.94C/64.4	137,500	46,000	91,500	33	24	5,832
목동	목동신시가지 (7단지저층)	90.09B/74.12	154,500	61,500	93,000	40	27	5,669
신정동	목동신시가지(8단지)	75.55/54.94	102,000	35,000	67,000	34	23	4,463
신정동	목동신시가지(8단지)	98.7/71.77	130,000	50,000	80,000	38	30	4,354
신정동	목동신시가지(8단지)	112.79/92.9	125,000	68,000	57,000	54	34	3,664
신정동	목동신시가지(8단지)	127.89/105.35	168,000	75,000	93,000	45	39	4,343
신정동	목동신시가지(9단지)	66.12/53.82	102,500	37,000	65,500	36	20	5,125
신정동	목동신시가지(9단지)	89.26A/71.37	130,000	49,000	81,000	38	27	4,815
신정동	목동신시가지(9단지)	89.26B/71.37	130,000	49,000	81,000	38	27	4,815
신정동	목동신시가지(9단지)	99.17/84.99	133,500	56,500	77,000	42	30	4,450
신정동	목동신시가지(9단지)	115.7A/100.33	159,500	70,000	89,500	44	35	4,557
신정동	목동신시가지(9단지)	115.7B/90.72	150,000	66,000	84,000	44	35	4,286
신정동	목동신시가지(9단지)	125.62A/106.39	170,000	73,000	97,000	43	38	4,474
신정동	목동신시가지(9단지)	125.62B/106.93	167,500	73,000	94,500	44	38	4,408
신정동	목동신시가지(9단지)	148.76/126.02	188,500	84,000	104,500	45	45	4,189
신정동	목동신시가지(9단지)	181.82A/158.7	206,500	91,500	115,000	44	55	3,755
신정동	목동신시가지(9단지)	181.82B/146.04	186,000	87,500	98,500	47	55	3,382
신정동	목동신시가지(9단지)	181.82C/156.84	210,000	95,000	115,000	45	55	3,818
신정동	목동신시가지(9단지)	181.82D/139.79	195,000	91,000	104,000	47	55	3,545
신정동	목동신시가지(10단지)	73.61/53.82	100,000	37,000	63,000	37	22	4,491
신정동	목동신시가지(10단지)	96.02/70.2	130,000	49,000	81,000	38	29	4,476
신정동	목동신시가지(10단지)	102.49A/85	138,000	57,000	81,000	41	31	4,451
신정동	목동신시가지(10단지)	110.24B/79.55	138,000	58,500	79,500	42	33	4,138
신정동	목동신시가지(10단지)	127.38/105.58	165,000	69,500	95,500	42	39	4,282
신정동	목동신시가지(10단지)	152.74/124.51	185,000	80,500	104,500	44	46	4,004
신정동	목동신시가지(10단지)	182.32/156.24	199,000	91,500	107,500	46	55	3,608

주요 학군 지역 아파트 시세

◆ 서울시 노원구 중계동 학군

동	아파트명	공급면적/전용면적	매매_일반	전세_상위	실제투자금	전세가율	평형계산	평당가
중계동	건영(3차)	105.77/84.9	94,000	59,000	35,000	63	32	2,938
중계동	대림벽산	136.09/114.39	101,000	64,500	36,500	64	41	2,453
중계동	대림벽산	166.33/141.45	112,000	70,000	42,000	63	50	2,226
중계동	동진, 신안	124.34/101.99	95,500	64,000	31,500	67	38	2,539
중계동	동진, 신안	157.6/134.74	110,000	75,000	35,000	68	48	2,307
중계동	롯데우성	122.83/101.88	92,000	58,500	33,500	64	37	2,476
중계동	롯데우성	137.58/115.26	100,000	70,000	30,000	70	42	2,403
중계동	성원(1차)	81.87/59.75	58,500	40,000	18,500	68	25	2,362
중계동	성원(1차)	109.39/84.78	76,000	48,000	28,000	63	33	2,297
중계동	성원(1차)	164.41/134.78	86,500	62,500	24,000	72	50	1,739
중계동	신안(양지)	87.25/59.97	53,000	37,000	16,000	70	26	2,008
중계동	신안(양지)	109.93/84.93	70,000	49,000	21,000	70	33	2,105
중계동	양지대림(1차)	81.57/59.88	56,000	37,000	19,000	66	25	2,270
중계동	양지대림(1차)	108.86/84.9	78,000	50,000	28,000	64	33	2,369
중계동	양지대림(1차)	142.63/114.96	88,500	57,500	31,000	65	43	2,051
중계동	중계10단지주공	79.12/58.14	60,000	33,500	26,500	56	24	2,507
중계동	중계3차우성	78.68/59.94	42,500	29,500	13,000	69	24	1,786
중계동	중계3차우성	111.41/84.87	65,500	43,500	22,000	66	34	1,944
중계동	중계5단지주공	50.4/38.64	32,500	13,250	19,250	41	15	2,132
중계동	중계5단지주공	58.61/44.94	37,000	15,750	21,250	43	18	2,087
중계동	중계5단지주공	59.2/44.52	37,000	16,000	21,000	43	18	2,066
중계동	중계5단지주공	80.31/58.46	60,500	29,000	31,500	48	24	2,490
중계동	중계5단지주공	94.25/76.51	77,000	38,500	38,500	50	29	2,701
중계동	중계5단지주공	104.45/84.79	84,000	45,000	39,000	54	32	2,659
중계동	중계6단지주공	60.41/44.1	35,000	16,000	19,000	46	18	1,915
중계동	중계8단지주공	70.59/49.72	43,500	22,000	21,500	51	21	2,037
중계동	청구(3차)	104.64/84.77	95,500	59,500	36,000	62	32	3,017
중계동	신동아중계동	122.31/101.94	90,000	61,000	29,000	68	37	2,433
중계동	신동아중계동	138.84/115.35	100,000	66,500	33,500	67	42	2,381

◆ 경기도 안양시 평촌 학군

동	아파트명	공급면적/전용면적	매매_일반	전세_상위	실제투자금	전세가율	평형계산	평당가
평촌동	귀인마을현대홈타운	81.36/56.06	63,500	43,500	20,000	69	25	2,580
평촌동	귀인마을현대홈타운	92.11/65.32	65,500	45,000	20,500	69	28	2,351
평촌동	귀인마을현대홈타운	109.13/80.37	81,500	57,000	24,500	70	33	2,469
평촌동	초원(LG)	77.51/59.79	50,000	36,500	13,500	73	23	2,132
평촌동	초원(LG)	106.3/84.9	62,000	45,000	17,000	73	32	1,928
평촌동	초원(대림)	81.52/59.74	46,000	32,500	13,500	71	25	1,865
평촌동	초원(대림)	106.77/84.92	69,000	47,000	22,000	68	32	2,136
평촌동	초원(대원)	76.65/59.94	49,000	36,000	13,000	73	23	2,113
평촌동	초원(대원)	103.95/84.97	66,500	47,500	19,000	71	31	2,115
평촌동	초원(대원)	105.99/84.97	66,500	47,500	19,000	71	32	2,074
평촌동	초원(부영)	51.81/37.85	28,000	18,250	9,750	65	16	1,787
평촌동	초원(부영)	68.23/50	37,500	25,500	12,000	68	21	1,817
평촌동	초원(부영)	81.73/60	46,500	30,500	16,000	66	25	1,881
평촌동	초원(성원)	75.13/59.94	48,750	35,500	13,250	73	23	2,145
평촌동	초원(성원)	102.69/84.99	60,000	45,500	14,500	76	31	1,932
평촌동	초원(한양)	77.86/59.4	41,500	31,500	10,000	76	24	1,762
평촌동	초원(한양)	97.99/79.05	47,500	36,500	11,000	77	30	1,602
평촌동	초원(한양)	105.27/84.9	58,500	43,000	15,500	74	32	1,837
평촌동	초원마을세경	64.05/49.68	38,250	27,000	11,250	71	19	1,974
평촌동	향촌(롯데)	77.18/59.76	58,000	38,500	19,500	66	23	2,484
평촌동	향촌(롯데)	110.13/84.84	84,000	55,000	29,000	65	33	2,521
평촌동	향촌(현대4차)	78.67/59.94	56,000	39,000	17,000	70	24	2,353
평촌동	향촌(현대4차)	106.96/84.99	82,500	56,000	26,500	68	32	2,550
평촌동	향촌(현대5차)	75.89/59.76	58,000	39,500	18,500	68	23	2,526
평촌동	향촌(현대5차)	105.63/84.75	81,000	57,000	24,000	70	32	2,535
호계동	경남(무궁화)	81.38/59.91	45,000	34,500	10,500	77	25	1,828
호계동	경남(무궁화)	106.86/84.9	64,250	46,000	18,250	72	32	1,988
호계동	목련(경남)	119/99.02	80,000	57,500	22,500	72	36	2,222
호계동	목련(경남)	152.06/127.29	87,500	65,000	22,500	74	46	1,902

주요 학군 지역 아파트 시세

동	아파트명	공급면적/전용면적	매매_일반	전세_상위	실제투자금	전세가율	평형계산	평당가
호계동	목련(경남)	195.04/164.4	88,500	64,000	24,500	72	59	1,500
호계동	목련(대우,선경)	46.27/34.44	37,500	17,000	20,500	45	14	2,679
호계동	목련(대우,선경)	77.13/58.32	66,500	30,000	36,500	45	23	2,850
호계동	목련(동아)	119/99.02	83,500	60,000	23,500	72	36	2,320
호계동	목련(동아)	152.06/127.29	93,500	66,000	27,500	71	46	2,033
호계동	목련(동아)	195.04/164.4	91,500	65,000	26,500	71	59	1,551
호계동	목련(두산)	123.11/101.94	87,500	58,500	29,000	67	37	2,350
호계동	목련(두산)	158.79/131.85	100,500	68,000	32,500	68	48	2,092
호계동	목련(두산)	193.34/161.76	109,000	71,500	37,500	66	58	1,864
호계동	목련(선경)	117.27/98.9	89,000	61,000	28,000	69	35	2,509
호계동	목련(선경)	141.92/122.44	100,000	66,500	33,500	67	43	2,329
호계동	목련(선경)	156.63/134.59	102,500	69,000	33,500	67	47	2,163
호계동	목련(선경)	176.22/152.99	106,000	70,000	36,000	66	53	1,988
호계동	목련(선경)	194.82/172.06	110,000	70,500	39,500	64	59	1,867
호계동	목련(신동아)	120.13/100.77	87,500	64,000	23,500	73	36	2,408
호계동	목련(신동아)	151.68/128.19	99,000	68,000	31,000	69	46	2,158
호계동	목련(신동아)	176.97/150.18	105,000	70,000	35,000	67	54	1,961
호계동	목련(우성3단지)	56.18/41.62	38,000	20,000	18,000	53	17	2,236
호계동	목련(우성3단지)	68.44/50.73	50,000	25,000	25,000	50	21	2,415
호계동	목련(우성3단지)	74.83A/56.7	52,500	28,000	24,500	53	23	2,319
호계동	목련(우성3단지)	74.83B/56.7	54,500	29,500	25,000	54	23	2,408
호계동	목련(우성5단지)	54.27/41.85	38,000	22,000	16,000	58	16	2,315
호계동	목련(우성5단지)	76.57/58.44	52,500	28,500	24,000	54	23	2,267
호계동	목련(우성5단지)	78.61/60	52,000	28,500	23,500	55	24	2,187
호계동	목련(우성7단지)	122.79/101.31	84,500	57,500	27,000	68	37	2,275
호계동	목련(우성7단지)	155.67/133.74	102,500	69,000	33,500	67	47	2,177
호계동	목련(우성7단지)	187.27/158.91	110,500	73,500	37,000	67	57	1,951
호계동	무궁화(건영)	66.69/53.58	31,150	27,500	3,650	88	20	1,544
호계동	무궁화(건영)	95.05/76.36	41,000	35,750	5,250	87	29	1,426
호계동	무궁화(건영)	102.44/84.84	46,250	40,000	6,250	86	31	1,493
호계동	무궁화(금호)	74.04/59.82	44,000	34,000	10,000	77	22	1,965

동	아파트명	공급면적/전용면적	매매_일반	전세_상위	실제투자금	전세가율	평형계산	평당가
호계동	무궁화(금호)	88.93/72.89	50,500	41,500	9,000	82	27	1,877
호계동	무궁화(금호)	103.08/84.9	63,750	46,750	17,000	73	31	2,044
호계동	무궁화(진흥)	74.9/56.76	32,500	28,750	3,750	88	23	1,434
호계동	무궁화(진흥)	103.74/84.63	48,750	40,750	8,000	84	31	1,553
호계동	무궁화(코오롱)	82.76/59.34	40,000	30,500	9,500	76	25	1,598
호계동	무궁화(코오롱)	93.51/76.64	49,500	36,000	13,500	73	28	1,750
호계동	무궁화(코오롱)	109.97/84.96	53,250	41,000	12,250	77	33	1,601
호계동	무궁화(태영)	80.3/59.76	34,000	25,500	8,500	75	24	1,400
호계동	무궁화(태영)	93.76/76.23	41,000	32,000	9,000	78	28	1,446
호계동	무궁화(태영)	104.43/84.9	44,000	34,500	9,500	78	32	1,393
호계동	무궁화(한양)	79.33/59.4	40,250	30,500	9,750	76	24	1,677
호계동	무궁화(한양)	99.17/79.05	45,250	39,500	5,750	87	30	1,508
호계동	무궁화(한양)	105.78/84.9	57,250	45,500	11,750	79	32	1,789
호계동	무궁화(효성)	79.33/59.76	39,750	33,000	6,750	83	24	1,656
호계동	무궁화(효성)	105.78/84.51	56,750	45,000	11,750	79	32	1,774
호계동	샘마을(대우)	108.01/88.78	54,500	38,500	16,000	71	33	1,668
호계동	샘마을(대우)	122.51/101.94	62,000	42,500	19,500	69	37	1,673
호계동	샘마을(대우)	160.98/134.64	69,500	47,500	22,000	68	49	1,427
호계동	샘마을(대우)	196.82/164.46	73,000	49,500	23,500	68	60	1,226
호계동	샘마을(쌍용)	122.93/101.91	58,650	45,000	13,650	77	37	1,577
호계동	샘마을(쌍용)	158.18/132.6	66,750	50,000	16,750	75	48	1,395
호계동	샘마을(쌍용)	205.66/175.41	68,250	49,750	18,500	73	62	1,097
호계동	샘마을(우방)	121.3/101.96	62,100	48,000	14,100	77	37	1,692
호계동	샘마을(우방)	160.65/133.86	68,900	51,000	17,900	74	49	1,418
호계동	샘마을(임광)	110.03/91.14	56,000	41,000	15,000	73	33	1,682
호계동	샘마을(임광)	138.47/118.92	65,500	48,500	17,000	74	42	1,564
호계동	샘마을(임광)	191.8/165.33	71,500	51,000	20,500	71	58	1,232
호계동	샘마을(한양)	109.09/88.73	52,500	40,000	12,500	76	33	1,591
호계동	샘마을(한양)	125.62/101.95	59,500	44,000	15,500	74	38	1,566
호계동	샘마을(한양)	165.29/134.58	69,500	47,500	22,000	68	50	1,390
호계동	샘마을(한양)	201.65/164.44	73,500	49,500	24,000	67	61	1,205

주요 학군 지역 아파트 시세

◆ 경기도 고양시 일산 학군

동	아파트명	공급면적/전용면적	매매_일반	전세_상위	실제투자금	전세가율	평형계산	평당가
마두동	강촌마을(동아)	105.68/84.87	42,000	37,000	5,000	88	32	1,314
마두동	강촌마을(동아)	109.68/84.96	46,000	38,000	8,000	83	33	1,386
마두동	강촌마을(동아)	186.36/154.02	65,000	50,000	15,000	77	56	1,153
마두동	강촌마을(라이프)	47.16/36.54	21,000	14,500	6,500	69	14	1,472
마두동	강촌마을(라이프)	63.08/47.55	28,250	21,000	7,250	74	19	1,480
마두동	강촌마을(라이프)	65.19/49.14	28,250	21,000	7,250	74	20	1,433
마두동	강촌마을(라이프)	102.86/84.93	49,500	36,500	13,000	74	31	1,591
마두동	강촌마을(선경)	121.36/101.76	57,500	40,000	17,500	70	37	1,566
마두동	강촌마을(선경)	159.14/134.68	66,000	45,500	20,500	69	48	1,371
마두동	강촌마을(우방)	106.05/84.94	47,000	37,500	9,500	80	32	1,465
마두동	강촌마을(우방)	159.76/134.99	61,000	46,500	14,500	76	48	1,262
마두동	강촌마을(우방)	195.99/164.37	76,500	49,000	27,500	64	59	1,290
마두동	강촌마을(우방)	225.46/189.98	86,500	54,000	32,500	62	68	1,268
마두동	강촌마을(코오롱)	122.31/101.94	57,500	42,000	15,500	73	37	1,554
마두동	강촌마을(코오롱)	148.76/123.75	64,000	47,000	17,000	73	45	1,422
마두동	강촌마을(코오롱)	165.29/134.88	64,500	47,500	17,000	74	50	1,290
마두동	강촌마을(한신)	113.34/94.05	49,500	38,000	11,500	77	34	1,444
마두동	강촌마을(한신)	159.3/134.8	63,500	47,500	16,000	75	48	1,318
마두동	강촌마을(한신)	206.11/173.58	67,500	51,500	16,000	76	62	1,083
마두동	강촌마을(한양)	50.79/35.1	18,250	14,250	4,000	78	15	1,188
마두동	강촌마을(훼미리)	124.43/101.88	50,500	38,500	12,000	76	38	1,342
마두동	강촌마을(훼미리)	160.26/134.67	61,500	45,500	16,000	74	48	1,269
마두동	강촌마을(훼미리)	181.45/153.12	60,000	46,000	14,000	77	55	1,093
마두동	강촌마을(훼미리)	196.7/165.99	62,500	49,000	13,500	78	60	1,050
마두동	백마(쌍용)	72.72/50.16	27,250	20,500	6,750	75	22	1,239
마두동	백마(쌍용)	89.25/70.43	37,000	28,500	8,500	77	27	1,370
마두동	백마(쌍용)	105.78/84.88	45,500	33,500	12,000	74	32	1,422
마두동	백마(쌍용)	122.31/101.76	50,500	38,500	12,000	76	37	1,365
마두동	백마(쌍용)	161.98/134.73	57,500	43,000	14,500	75	49	1,173

동	아파트명	공급면적/전용면적	매매_일반	전세_상위	실제투자금	전세가율	평형계산	평당가
마두동	백마(청구4단지)	122.31/101	54,000	40,500	13,500	75	37	1,460
마두동	백마(청구4단지)	161.98/134.87	60,500	42,500	18,000	70	49	1,235
마두동	백마마을(3단지금호)	56.19/41.85	21,750	15,500	6,250	71	17	1,280
마두동	백마마을(3단지금호)	102.47/83.77	43,750	33,750	10,000	77	31	1,411
마두동	백마마을(3단지한양)	52.89/41.13	20,000	15,500	4,500	78	16	1,250
마두동	백마마을(3단지한양)	102.47/84.94	44,250	33,500	10,750	76	31	1,428
마두동	백마마을(4단지한양)	122.31/101.82	53,000	41,000	12,000	77	37	1,432
마두동	백마마을(4단지한양)	161.98/134.96	60,000	44,000	16,000	73	49	1,225
마두동	백마마을(극동삼환)	121.24/101.91	52,500	43,000	9,500	82	37	1,431
마두동	백마마을(극동삼환)	136.58/114.81	58,500	45,500	13,000	78	41	1,416
마두동	백마마을(극동삼환)	157.97/132.8	65,500	50,000	15,500	76	48	1,371
마두동	백마마을(벽산)	76.72/59.92	31,000	26,500	4,500	85	23	1,336
마두동	백마마을(벽산)	103.61/84.9	44,500	33,750	10,750	76	31	1,420
마두동	백마마을(벽산)	123.43/101.88	53,000	41,000	12,000	77	37	1,419
마두동	백마마을(벽산)	162.85/134.9	59,000	46,000	13,000	78	49	1,198
마두동	백마마을(삼성)	122.15/101.91	57,500	44,000	13,500	77	37	1,556
마두동	백마마을(삼성)	158.34/133.47	67,000	49,000	18,000	73	48	1,399
마두동	백마마을(한성)	72.72/50.16	27,000	20,500	6,500	76	22	1,227
마두동	백마마을(한성)	91.53/70.43	37,500	28,500	9,000	76	28	1,354
마두동	백마마을(한성)	105.78/84.88	46,000	34,500	11,500	75	32	1,438
마두동	백마마을(한성)	122.31/101.76	51,500	39,000	12,500	76	37	1,392
마두동	백마마을(한성)	161.98/134.73	58,000	43,250	14,750	75	49	1,184
일산동	후곡(10단지임광동아서안)	125.62/101.24	54,500	45,000	9,500	83	38	1,434
일산동	후곡(10단지임광동아서안)	155.37/130.23	62,500	47,250	15,250	76	47	1,330
일산동	후곡(10단지임광동아서안)	188.43/158.76	64,000	48,000	16,000	75	57	1,123
일산동	후곡(11단지주공)	83.31/59.31	25,250	18,250	7,000	72	25	1,002
일산동	후곡(11단지주공)	90.88/68.13	27,500	20,250	7,250	74	27	1,000
일산동	후곡(12단지주공)	83.31/59.31	25,500	18,750	6,750	74	25	1,012
일산동	후곡(12단지주공)	92.63/68.13	27,500	21,500	6,000	78	28	981
일산동	후곡(13단지태영)	77.7/57.76	22,750	18,250	4,500	80	24	968

주요 학군 지역 아파트 시세

동	아파트명	공급면적/전용면적	매매_일반	전세_상위	실제투자금	전세가율	평형계산	평당가
일산동	후곡(13단지태영)	90.72/72.28	29,500	23,500	6,000	80	27	1,075
일산동	후곡(13단지태영)	102.99/83.77	34,750	30,000	4,750	86	31	1,115
일산동	후곡(14단지청구)	123.71/101	52,000	41,000	11,000	79	37	1,390
일산동	후곡(14단지청구)	158.8/134.87	61,650	45,000	16,650	73	48	1,283
일산동	후곡(15단지건영)	74.86/58.83	32,000	23,500	8,500	73	23	1,413
일산동	후곡(15단지건영)	87.82/70.98	41,500	28,500	13,000	69	27	1,562
일산동	후곡(15단지건영)	102.7/84.9	49,250	35,500	13,750	72	31	1,585
일산동	후곡(16단지동아, 코오롱)	67.01/48.84	23,500	17,000	6,500	72	20	1,159
일산동	후곡(16단지동아, 코오롱)	89.58/71.31	38,000	29,000	9,000	76	27	1,402
일산동	후곡(16단지동아, 코오롱)	104.74/84.78	48,000	36,000	12,000	75	32	1,515
일산동	후곡(17단지태영)	121.96/101.93	48,000	40,000	8,000	83	37	1,301
일산동	후곡(17단지태영)	157.1/134.58	54,000	43,000	11,000	80	48	1,136
일산동	후곡(18단지현대)	75.91/59.92	23,000	18,750	4,250	82	23	1,002
일산동	후곡(18단지현대)	91.67/72.36	30,500	24,750	5,750	81	28	1,100
일산동	후곡(18단지현대)	107.44/84.81	36,500	29,000	7,500	79	33	1,123
일산동	후곡(1단지대우,벽산)	79.79/59.37	22,500	17,500	5,000	78	24	932
일산동	후곡(1단지대우,벽산)	89.37/70.44	29,000	23,500	5,500	81	27	1,073
일산동	후곡(1단지대우,벽산)	107.26/84.96	32,750	26,500	6,250	81	32	1,009
일산동	후곡(2단지동양,대창)	72.01/53.82	22,750	18,250	4,500	80	22	1,044
일산동	후곡(2단지동양,대창)	88.7/71.08	30,500	24,500	6,000	80	27	1,137
일산동	후곡(2단지동양,대창)	105.76/84.96	38,000	29,000	9,000	76	32	1,188
일산동	후곡(3단지현대)	119.11/101.86	51,500	39,250	12,250	76	36	1,429
일산동	후곡(3단지현대)	156.02/133.42	56,750	43,500	13,250	77	47	1,202
일산동	후곡(3단지현대)	199.56/170.66	60,500	45,250	15,250	75	60	1,002
일산동	후곡(4단지금호,한양)	57.46/41.85	20,000	15,500	4,500	78	17	1,151
일산동	후곡(4단지금호,한양)	102.34/84.95	47,500	35,000	12,500	74	31	1,534
일산동	후곡(5단지영풍,한진)	123.51/101.64	44,000	36,750	7,250	84	37	1,178
일산동	후곡(5단지영풍,한진)	151.36/128.82	52,000	41,000	11,000	79	46	1,136
일산동	후곡(5단지영풍,한진)	182.72/157.65	52,500	43,000	9,500	82	55	950
일산동	후곡(6단지건영)	66.11/50.55	21,000	18,000	3,000	86	20	1,050

동	아파트명	공급면적/전용면적	매매_일반	전세_상위	실제투자금	전세가율	평형계산	평당가
일산동	후곡(6단지건영)	92.56/72.56	27,750	23,750	4,000	86	28	991
일산동	후곡(6단지건영)	109.09/84.5	34,500	30,500	4,000	88	33	1,045
일산동	후곡(6단지동부)	69.42/51.06	21,000	17,750	3,250	85	21	1,000
일산동	후곡(6단지동부)	89.25/65.8	27,500	23,500	4,000	85	27	1,019
일산동	후곡(6단지동부)	104.41/84.93	34,500	29,000	5,500	84	32	1,092
일산동	후곡(7단지동성)	76.79/59.4	23,000	19,000	4,000	83	23	990
일산동	후곡(7단지동성)	88.43/69.39	31,000	25,000	6,000	81	27	1,159
일산동	후곡(7단지동성)	104.55/84.27	35,000	29,000	6,000	83	32	1,107
일산동	후곡(8단지동신)	124.43/101.73	45,000	37,000	8,000	82	38	1,196
일산동	후곡(8단지동신)	142.89/116.85	51,000	42,000	9,000	82	43	1,180
일산동	후곡(8단지동신)	159.98/134.88	54,000	45,000	9,000	83	48	1,116
일산동	후곡(8단지동신)	196.29/164.52	57,500	46,000	11,500	80	59	968
일산동	후곡(9단지LG,롯데)	66.81/49.5	23,500	19,000	4,500	81	20	1,163
일산동	후곡(9단지LG,롯데)	68.58/51.16	23,500	20,000	3,500	85	21	1,133
일산동	후곡(9단지LG,롯데)	89.28/70.71	38,500	30,500	8,000	79	27	1,426
일산동	후곡(9단지LG,롯데)	90.94/72.26	38,500	30,500	8,000	79	28	1,400
일산동	후곡(9단지LG,롯데)	103.72/84.63	49,000	37,000	12,000	76	31	1,562
주엽동	문촌(10단지동부)	82.18/59.7	26,000	23,000	3,000	88	25	1,046
주엽동	문촌(10단지동부)	97.5/73.71	30,250	25,500	4,750	84	29	1,026
주엽동	문촌(11단지건영)	67.58/52.59	23,100	19,250	3,850	83	20	1,130
주엽동	문촌(11단지건영)	75.24/58.53	24,250	20,250	4,000	84	23	1,065
주엽동	문촌(11단지건영)	76.95/59.88	28,000	23,250	4,750	83	23	1,203
주엽동	문촌(11단지건영)	95.2/74.08	28,500	23,750	4,750	83	29	990
주엽동	문촌(11단지건영)	109.07/84.88	36,150	27,250	8,900	75	33	1,096
주엽동	문촌(12단지유승)㈜	79.21/57.6	26,000	20,000	6,000	77	24	1,085
주엽동	문촌(12단지유승)㈜	102.22/77.63	31,500	25,000	6,500	79	31	1,019
주엽동	문촌(13단지대우)㈜	78.27/58.68	26,000	20,000	6,000	77	24	1,098
주엽동	문촌(13단지대우)㈜	99.33/74.46	31,500	25,000	6,500	79	30	1,048
주엽동	문촌(14단지세경)	43.67/33.92	18,500	13,000	5,500	70	13	1,400
주엽동	문촌(14단지세경)	63.94/49.68	26,500	18,000	8,500	68	19	1,370
주엽동	문촌(15단지부영)	56.56/40.27	21,500	14,000	7,500	65	17	1,257

주요 학군 지역 아파트 시세

동	아파트명	공급면적/전용면적	매매_일반	전세_상위	실제투자금	전세가율	평형계산	평당가
주엽동	문촌(15단지부영)	69.83/49.72	26,000	17,500	8,500	67	21	1,231
주엽동	문촌(16단지뉴삼익)	73.35/58.13	38,000	25,000	13,000	66	22	1,713
주엽동	문촌(16단지뉴삼익)	86.12/67.38	44,000	29,000	15,000	66	26	1,689
주엽동	문촌(16단지뉴삼익)	104.14/84.02	51,400	35,000	16,400	68	32	1,632
주엽동	문촌(17단지신안)	125.4/101.98	62,000	39,000	23,000	63	38	1,634
주엽동	문촌(17단지신안)	140.84/117.9	69,500	41,000	28,500	59	43	1,631
주엽동	문촌(17단지신안)	158.12/134.79	75,500	43,000	32,500	57	48	1,578
주엽동	문촌(17단지신안)	204.67/172.55	87,500	46,000	41,500	53	62	1,413
주엽동	문촌(18단지대원)	122.67/101.67	58,000	39,000	19,000	67	37	1,563
주엽동	문촌(18단지대원)	154.49/130.44	66,000	43,000	23,000	65	47	1,412
주엽동	문촌(18단지대원)	186.15/159.21	73,000	44,000	29,000	60	56	1,296
주엽동	문촌(19단지신우)	77.44/59.97	38,750	23,250	15,500	60	23	1,654
주엽동	문촌(19단지신우)	91.72/73.08	43,000	28,250	14,750	66	28	1,550
주엽동	문촌(19단지신우)	104.52/84.99	53,000	30,500	22,500	58	32	1,676
주엽동	문촌(19단지신우)	122.62/99.69	57,000	35,500	21,500	62	37	1,537
주엽동	문촌(19단지신우)	152.99/126.66	61,750	37,500	24,250	61	46	1,334
주엽동	문촌(19단지신우)	180.23/150.54	65,500	39,500	26,000	60	55	1,201
주엽동	문촌(1단지우성)	73.87/50.55	22,000	16,500	5,500	75	22	985
주엽동	문촌(1단지우성)	87.35/69.09	30,750	25,500	5,250	83	26	1,164
주엽동	문촌(1단지우성)	104.08/84.91	37,000	30,500	6,500	82	31	1,175
주엽동	문촌(2단지라이프)	119.56/99.52	46,500	36,250	10,250	78	36	1,286
주엽동	문촌(2단지라이프)	150.32/127.14	52,000	42,500	9,500	82	45	1,144
주엽동	문촌(2단지라이프)	202.5/171.93	58,000	44,000	14,000	76	61	947
주엽동	문촌(3단지우성)	123.4/101.98	54,500	42,000	12,500	77	37	1,460
주엽동	문촌(3단지우성)	158.3/134.97	60,500	47,500	13,000	79	48	1,263
주엽동	문촌(3단지우성)	191.56/163.02	64,500	46,500	18,000	72	58	1,113
주엽동	문촌(3단지우성)	226.93/197.04	68,500	48,000	20,500	70	69	998
주엽동	문촌(4단지삼익)	122.07/100.84	52,500	39,000	13,500	74	37	1,422
주엽동	문촌(4단지삼익)	153.34/130.38	57,500	40,500	17,000	70	46	1,240
주엽동	문촌(4단지삼익)	217.04/189.66	65,000	45,500	19,500	70	66	990
주엽동	문촌(5단지쌍용)	122.31/101.88	42,000	34,500	7,500	82	37	1,135

동	아파트명	공급면적/전용면적	매매_일반	전세_상위	실제투자금	전세가율	평형계산	평당가
주엽동	문촌(5단지쌍용)	135.53/113.28	45,000	35,500	9,500	79	41	1,098
주엽동	문촌(5단지쌍용)	161.98/134.07	50,500	38,500	12,000	76	49	1,031
주엽동	문촌(5단지쌍용)	185.12/152.2	51,000	40,500	10,500	79	56	911
주엽동	문촌(5단지쌍용)	221.48/183.57	62,500	45,000	17,500	72	67	933
주엽동	문촌(5단지한일)	122.31/101.89	42,000	36,000	6,000	86	37	1,126
주엽동	문촌(5단지한일)	142.14/117.52	48,500	39,000	9,500	80	43	1,128
주엽동	문촌(5단지한일)	158.67/130.51	49,750	40,500	9,250	81	48	1,037
주엽동	문촌(5단지한일)	191.73/157.72	54,000	41,000	13,000	76	58	931
주엽동	문촌(5단지한일)	211.57/175.87	62,500	46,500	16,000	74	64	977
주엽동	문촌(6단지기산쌍용)	79.82/59.76	24,000	19,500	4,500	81	24	994
주엽동	문촌(6단지기산쌍용)	88.68/70.16	30,750	24,500	6,250	80	27	1,146
주엽동	문촌(6단지기산쌍용)	107.31/84.86	37,000	29,500	7,500	80	32	1,140
주엽동	문촌(7단지주공)	63.7/42.75	20,250	14,750	5,500	73	19	1,051
주엽동	문촌(7단지주공)	68.93/49.69	23,750	17,000	6,750	72	21	1,139
주엽동	문촌(8단지동아)	73.84B/59.28	28,250	20,500	7,750	73	22	1,265
주엽동	문촌(8단지동아)	74.63A/59.92	28,250	20,500	7,750	73	23	1,251
주엽동	문촌(8단지동아)	89.23/71.64	34,500	25,000	9,500	72	27	1,278
주엽동	문촌(8단지동아)	105.86/84.99	43,850	30,000	13,850	68	32	1,369
주엽동	문촌(9단지주공)	63.7/42.75	25,750	17,250	8,500	67	19	1,336
주엽동	문촌(9단지주공)	68.93/49.69	28,250	18,250	10,000	65	21	1,355

◆ 경기도 성남시 분당 학군

동	아파트명	공급면적/전용면적	매매_일반	전세_상위	실제투자금	전세가율	평형계산	평당가
서현동	우성	57.2/45.99	54,500	30,000	24,500	55	17	3,150
서현동	우성	72.64/59.73	67,000	41,000	26,000	61	22	3,049
서현동	우성	84.65/64.8	74,000	41,500	32,500	56	26	2,890
서현동	우성	96.9/75.9	90,000	52,500	37,500	58	29	3,070
서현동	우성	105.97B/84.88	93,500	55,000	38,500	59	32	2,917
서현동	우성	106.43A/84.6	107,000	62,500	44,500	58	32	3,323
서현동	우성	155.08/129.21	122,500	88,000	34,500	72	47	2,611

주요 학군 지역 아파트 시세

동	아파트명	공급면적/전용면적	매매_일반	전세_상위	실제투자금	전세가율	평형계산	평당가
서현동	우성	164,92B/132,1	106,000	80,000	26,000	75	50	2,125
서현동	우성	166,39A/132,6	106,000	80,000	26,000	75	50	2,106
서현동	우성	176,16/134,04	130,000	88,000	42,000	68	53	2,440
서현동	우성	197,63/164,79	120,000	80,000	40,000	67	60	2,007
서현동	우성	208,79/164,4	134,000	90,000	44,000	67	63	2,122
서현동	우성	240,19/193,99	134,000	90,000	44,000	67	73	1,844
서현동	효자촌(LG)	73,48/53,82	52,500	30,500	22,000	58	22	2,362
서현동	효자촌(LG)	90/70,68	70,000	43,500	26,500	62	27	2,571
서현동	효자촌(LG)	104,98/84,69	79,500	52,000	27,500	65	32	2,503
서현동	효자촌(대우)	73,48/53,82	52,500	30,500	22,000	58	22	2,362
서현동	효자촌(대우)	90/70,68	69,000	41,500	27,500	60	27	2,534
서현동	효자촌(대우)	104,98/84,69	78,000	50,000	28,000	64	32	2,456
서현동	효자촌(대창)	76,03/53,82	52,000	31,500	20,500	61	23	2,261
서현동	효자촌(대창)	92,56/70,68	69,000	42,500	26,500	62	28	2,464
서현동	효자촌(대창)	109,09/84,69	78,000	51,000	27,000	65	33	2,364
서현동	효자촌(동아)	72,39/59,78	61,000	37,000	24,000	61	22	2,786
서현동	효자촌(동아)	106,09/84,72	86,000	49,500	36,500	58	32	2,680
서현동	효자촌(동아)	125,01/101,82	95,000	56,000	39,000	59	38	2,512
서현동	효자촌(동아)	153,53/128,28	100,000	59,500	40,500	60	46	2,153
서현동	효자촌(동아)	165,41/134,73	102,000	60,000	42,000	59	50	2,039
서현동	효자촌(동아)	198,41/166,8	115,000	68,500	46,500	60	60	1,916
서현동	효자촌(미래타운)	122,03/101,94	82,500	53,000	29,500	64	37	2,235
서현동	효자촌(미래타운)	157,21/134,64	86,500	59,000	27,500	68	48	1,819
서현동	효자촌(삼환)	60,91/46,06	50,500	31,000	19,500	61	18	2,741
서현동	효자촌(삼환)	101,56/84,15	84,000	50,000	34,000	60	31	2,734
서현동	효자촌(삼환)	112,64/94,48	88,000	51,500	36,500	59	34	2,583
서현동	효자촌(삼환)	121,59/101,64	90,000	54,000	36,000	60	37	2,447
서현동	효자촌(삼환)	149,79/129,76	95,000	59,000	36,000	62	45	2,097
서현동	효자촌(삼환)	190,94/164,79	100,000	63,000	37,000	63	58	1,731
서현동	효자촌(삼환)	219,77/195,37	101,000	65,000	36,000	64	66	1,519
서현동	효자촌(임광)	70,82/59,73	56,000	35,000	21,000	63	21	2,614

동	아파트명	공급면적/전용면적	매매_일반	전세_상위	실제투자금	전세가율	평형계산	평당가
서현동	효자촌(임광)	103.99/84.99	84,250	56,000	28,250	66	31	2,678
서현동	효자촌(임광)	122.17/101.34	87,000	61,000	26,000	70	37	2,354
서현동	효자촌(임광)	132.41/111.51	92,000	62,000	30,000	67	40	2,297
서현동	효자촌(임광)	151.83/129.88	98,500	65,000	33,500	66	46	2,145
서현동	효자촌(임광)	194.5/165.33	109,500	77,500	32,000	71	59	1,861
서현동	효자촌(임광)	201.42/172.3	109,500	77,500	32,000	71	61	1,797
서현동	효자촌(현대)	74.88/59.82	75,000	39,500	35,500	53	23	3,311
서현동	효자촌(현대)	103.66/84.6	90,500	50,000	40,500	55	31	2,886
서현동	효자촌(현대)	122.01/101.64	96,500	54,500	42,000	56	37	2,615
서현동	효자촌(현대)	154.52/128.04	105,500	60,000	45,500	57	47	2,257
서현동	효자촌(현대)	185.18/160.2	116,500	65,000	51,500	56	56	2,080
서현동	효자촌(현대)	192.58/163.02	125,000	67,000	58,000	54	58	2,146
서현동	효자촌(현대)	224.31/195.96	128,500	70,000	58,500	54	68	1,894
서현동	효자촌(화성)	73.48/53.82	52,500	31,000	21,500	59	22	2,362
서현동	효자촌(화성)	90/70.68	70,000	43,500	26,500	62	27	2,571
서현동	효자촌(화성)	104.98/84.69	79,500	52,000	27,500	65	32	2,503
수내동	수내동파크타운(대림)	77.57/59.32	67,500	39,250	59,500	14	23	2,877
수내동	수내동파크타운(대림)	105.14/84.6	114,500	74,500	109,000	8	32	3,600
수내동	수내동파크타운(대림)	110.87/84.78	101,500	69,000	99,000	9	34	3,026
수내동	수내동파크타운(대림)	124.58/101.91	127,000	85,000	123,000	8	38	3,370
수내동	수내동파크타운(대림)	125.44/101.83	127,000	85,000	124,500	7	38	3,347
수내동	수내동파크타운(대림)	157.54/131.49	145,500	94,000	141,500	7	48	3,053
수내동	수내동파크타운(대림)	162.3/134.41	151,500	96,000	148,000	6	49	3,086
수내동	수내동파크타운(대림)	166.75/134.91	142,500	93,000	138,000	7	50	2,825
수내동	수내동파크타운(대림)	167.42/134.71	145,000	93,000	140,500	7	51	2,863
수내동	수내동파크타운(대림)	217.87/186.1	155,000	98,500	155,500	6	66	2,352
수내동	수내동파크타운(대림)	229.26/189.85	162,000	97,500	159,000	6	69	2,336
수내동	양지마을(금호)	76.1/59.62	71,500	47,500	70,000	7	23	3,106
수내동	양지마을(금호)	103.43/84.9	115,500	71,000	112,000	8	31	3,692
수내동	양지마을(금호)	124.86/101.91	117,500	72,500	115,000	8	38	3,111
수내동	양지마을(금호)	157.43/134.48	149,000	89,000	146,000	6	48	3,129

주요 학군 지역 아파트 시세

동	아파트명	공급면적/전용면적	매매_일반	전세_상위	실제투자금	전세가율	평형계산	평당가
수내동	양지마을(금호)	180.98/154.06	124,000	75,000	124,000	7	55	2,265
수내동	양지마을(금호)	192.83/164.25	149,000	97,000	152,500	6	58	2,554
수내동	양지마을(금호)	227.27/198.45	158,500	96,500	160,000	6	69	2,305
수내동	양지마을(금호)	228.84/193.85	153,000	97,000	155,000	6	69	2,210
수내동	양지마을(청구)	78.94/55.44	68,500	41,500	27,000	61	24	2,869
수내동	양지마을(청구)	92.68/65.09	82,500	50,000	32,500	61	28	2,943
수내동	양지마을(청구)	104.1/84.6	111,000	70,500	40,500	64	31	3,525
수내동	양지마을(청구)	107.3/84.99	110,000	70,500	39,500	64	32	3,389
수내동	양지마을(청구)	160.5/134.8	146,000	87,000	59,000	60	49	3,007
수내동	양지마을(청구)	206.16/173.96	156,000	91,000	65,000	58	62	2,501
수내동	양지마을(청구)	231.92/197.77	159,500	90,500	69,000	57	70	2,274
수내동	양지마을(한양)	38.72/28.16	40,500	18,750	21,750	46	12	3,458
수내동	양지마을(한양)	48.24/35.1	48,000	23,000	25,000	48	15	3,289
수내동	양지마을(한양)	58.52/42.56	53,750	27,000	26,750	50	18	3,036
수내동	양지마을(한양)	59.86/48.51	64,750	31,000	33,750	48	18	3,576
수내동	양지마을(한양)	79.14/59.4	66,500	39,000	27,500	59	24	2,778
수내동	양지마을(한양)	79.62/59.76	67,000	39,000	28,000	58	24	2,782
수내동	양지마을(한양)	106.64/84.9	108,500	66,000	42,500	61	32	3,363
수내동	양지마을(한양)	126.36/101.93	115,000	68,000	47,000	59	38	3,009
수내동	양지마을(한양)	138.87/114.48	113,000	63,500	49,500	56	42	2,690
수내동	양지마을(한양)	163.22/134.55	135,500	80,000	55,500	59	49	2,744
수내동	양지마을(한양)	198.84/164.4	146,500	82,000	64,500	56	60	2,436
수내동	양지마을(한양)	238.08/200.61	151,000	86,000	65,000	57	72	2,097
수내동	파크타운(롯데)	105.14/84.6	108,000	66,000	42,000	61	32	3,396
수내동	파크타운(롯데)	124.58/101.91	125,000	77,000	48,000	62	38	3,317
수내동	파크타운(롯데)	125.44/101.83	127,000	78,500	48,500	62	38	3,347
수내동	파크타운(롯데)	157.54/131.49	136,500	90,000	46,500	66	48	2,864
수내동	파크타운(롯데)	162.3/134.41	139,000	91,000	48,000	65	49	2,831
수내동	파크타운(롯데)	166.75/134.91	131,500	88,000	43,500	67	50	2,607
수내동	파크타운(롯데)	167.42/134.71	128,000	87,000	41,000	68	51	2,527
수내동	파크타운(롯데)	217.87/186.1	147,500	96,000	51,500	65	66	2,238

동	아파트명	공급면적/전용면적	매매_일반	전세_상위	실제투자금	전세가율	평형계산	평당가
수내동	파크타운(롯데)	229.26/189.85	150,000	96,500	53,500	64	69	2,163
수내동	파크타운(삼익)	105.14/84.6	110,500	65,000	45,500	59	32	3,474
수내동	파크타운(삼익)	124.58/101.91	118,500	77,000	41,500	65	38	3,144
수내동	파크타운(삼익)	125.44/101.83	120,500	79,000	41,500	66	38	3,176
수내동	파크타운(삼익)	157.54/131.49	132,500	91,000	41,500	69	48	2,780
수내동	파크타운(삼익)	162.3/134.41	140,000	93,500	46,500	67	49	2,852
수내동	파크타운(삼익)	166.75/134.91	131,500	90,000	41,500	68	50	2,607
수내동	파크타운(삼익)	167.42/134.71	128,000	86,000	42,000	67	51	2,527
수내동	파크타운(삼익)	217.87/186.09	150,000	97,000	53,000	65	66	2,276
수내동	파크타운(삼익)	219.83/184.78	143,500	91,000	52,500	63	66	2,158
수내동	파크타운(삼익)	229.26/189.85	150,000	98,000	52,000	65	69	2,163
수내동	파크타운(서안)	77.57/59.32	67,500	39,000	28,500	58	23	2,877
수내동	파크타운(서안)	105.14/84.6	107,000	72,500	34,500	68	32	3,364
수내동	파크타운(서안)	110.87/84.78	99,500	68,000	31,500	68	34	2,967
수내동	파크타운(서안)	124.58/101.91	124,500	83,000	41,500	67	38	3,304
수내동	파크타운(서안)	125.44/101.83	124,000	83,000	41,000	67	38	3,268
수내동	파크타운(서안)	157.54/131.49	141,500	95,000	46,500	67	48	2,969
수내동	파크타운(서안)	162.3/134.41	145,500	96,000	49,500	66	49	2,964
수내동	파크타운(서안)	166.75/134.91	140,000	92,000	48,000	66	50	2,775
수내동	파크타운(서안)	167.42/134.71	142,000	90,500	51,500	64	51	2,804
수내동	파크타운(서안)	217.87/186.09	156,000	96,500	59,500	62	66	2,367
수내동	파크타운(서안)	219.83/184.78	143,500	94,500	49,000	66	66	2,158
수내동	파크타운(서안)	229.47/191.52	160,000	96,500	63,500	60	69	2,305
수내동	푸른마을(신성)	71.56/59.78	64,000	38,000	26,000	59	22	2,957
수내동	푸른마을(신성)	103.83/84.72	96,500	64,500	32,000	67	31	3,072
수내동	푸른마을(신성)	123.27/101.82	103,000	70,000	33,000	68	37	2,762
수내동	푸른마을(신성)	154.82/131.4	124,000	82,500	41,500	67	47	2,648
수내동	푸른마을(신성)	169.11/139.68	106,000	82,000	24,000	77	51	2,072
수내동	푸른마을(신성)	208.28/176.77	125,000	84,500	40,500	68	63	1,984
수내동	푸른마을(벽산)	71.56/59.78	64,500	36,000	28,500	56	22	2,980
수내동	푸른마을(벽산)	103.92/84.72	101,500	60,000	41,500	59	31	3,229

주요 학군 지역 아파트 시세

동	아파트명	공급면적/전용면적	매매_일반	전세_상위	실제투자금	전세가율	평형계산	평당가
수내동	푸른마을(벽산)	123.27/101.82	111,000	66,000	45,000	59	37	2,977
수내동	푸른마을(벽산)	152.72/131.4	127,500	72,500	55,000	57	46	2,760
수내동	푸른마을(벽산)	169.11/139.68	126,000	72,500	53,500	58	51	2,463
수내동	푸른마을(벽산)	193.03/163.83	132,500	75,000	57,500	57	58	2,269
수내동	푸른마을(벽산)	208.28/176.77	132,500	75,000	57,500	57	63	2,103
수내동	푸른마을(쌍용)	71.56/59.78	66,750	40,000	26,750	60	22	3,084
수내동	푸른마을(쌍용)	103.36/84.72	100,000	66,500	33,500	67	31	3,198
수내동	푸른마을(쌍용)	123.27/101.82	106,500	74,500	32,000	70	37	2,856
수내동	푸른마을(쌍용)	154.82/131.4	126,500	86,000	40,500	68	47	2,701
수내동	푸른마을(쌍용)	169.12/139.68	117,000	83,500	33,500	71	51	2,287
수내동	푸른마을(쌍용)	192/163.83	131,000	86,000	45,000	66	58	2,256
수내동	푸른마을(쌍용)	208.28/176.77	131,500	86,500	45,000	66	63	2,087
이매동	아름마을(건영)	124.5/101.85	95,000	51,000	44,000	54	38	2,522
이매동	아름마을(건영)	161.62/133.89	105,000	57,500	47,500	55	49	2,148
이매동	아름마을(건영)	193.41/163.44	113,000	61,000	52,000	54	59	1,931
이매동	아름마을(건영)	227.87/195.08	118,000	63,000	55,000	53	69	1,712
이매동	아름마을(두산)	72.72/59.79	67,000	37,500	29,500	56	22	3,046
이매동	아름마을(두산)	102.47/84.84	87,000	52,500	34,500	60	31	2,807
이매동	아름마을(두산)	125.62/101.82	97,000	55,000	42,000	57	38	2,553
이매동	아름마을(두산)	158.67/132.72	110,000	61,500	48,500	56	48	2,292
이매동	아름마을(두산)	191.73/158.4	120,000	67,500	52,500	56	58	2,069
이매동	아름마을(두산)	214.87/178.23	136,000	74,000	62,000	54	65	2,092
이매동	아름마을(삼호)	72.72/59.79	65,000	37,500	27,500	58	22	2,955
이매동	아름마을(삼호)	102.47/84.84	87,000	51,500	35,500	59	31	2,807
이매동	아름마을(삼호)	125.62/101.82	97,000	55,000	42,000	57	38	2,553
이매동	아름마을(삼호)	158.67/132.72	110,000	61,500	48,500	56	48	2,292
이매동	아름마을(삼호)	191.73/158.4	120,000	68,500	51,500	57	58	2,069
이매동	아름마을(삼호)	214.87/178.23	136,000	74,000	62,000	54	65	2,092
이매동	아름마을(선경)	55.88/41.76	59,000	24,000	35,000	41	17	3,490
이매동	아름마을(선경)	104.38/83.58	102,000	46,500	55,500	46	32	3,230
이매동	아름마을(태영)	125.04/101.85	95,000	52,500	42,500	55	38	2,512

동	아파트명	공급면적/전용면적	매매_일반	전세_상위	실제투자금	전세가율	평형계산	평당가
이매동	아름마을(태영)	161.49/134.79	100,000	57,500	42,500	58	49	2,047
이매동	아름마을(태영)	195.54/164.67	110,000	62,500	47,500	57	59	1,860
이매동	아름마을(풍림)	76.62/59.55	83,000	41,000	42,000	49	23	3,581
이매동	아름마을(풍림)	95.77/75.15	100,500	50,500	50,000	50	29	3,469
이매동	아름마을(풍림)	123/101.97	114,000	57,500	56,500	50	37	3,064
이매동	아름마을(풍림)	158/134.22	132,500	66,500	66,000	50	48	2,772
이매동	아름마을(풍림)	192.19/163.62	144,000	71,500	72,500	50	58	2,477
이매동	아름마을(한성)	68.99B/59.28	68,000	34,500	33,500	51	21	3,258
이매동	아름마을(한성)	69.2A/59.46	68,000	34,500	33,500	51	21	3,248
이매동	아름마을(한성)	97.34/83.64	82,000	43,000	39,000	52	29	2,785
이매동	아름마을(한성)	98.79/84.89	82,000	43,000	39,000	52	30	2,744
이매동	아름마을(효성)	122.27/101.76	114,500	55,000	59,500	48	37	3,096
이매동	아름마을(효성)	154.38/130.35	134,500	65,000	69,500	48	47	2,880
이매동	아름마을(효성)	190.45/163.95	150,000	70,000	80,000	47	58	2,604
이매동	이매촌(금강)	70.47/50.82	65,000	34,000	31,000	52	21	3,049
이매동	이매촌(금강)	101.97/84.42	95,000	51,000	44,000	54	31	3,080
이매동	이매촌(금강)	119.79/99.17	100,000	56,000	44,000	56	36	2,760
이매동	이매촌(동부/코오롱)	123.5/101.41	99,500	58,000	41,500	58	37	2,663
이매동	이매촌(동부/코오롱)	152.33/123.48	118,000	63,000	55,000	53	46	2,561
이매동	이매촌(동부/코오롱)	197.71/163.83	123,000	67,500	55,500	55	60	2,057
이매동	이매촌(삼환)	76.6/59.87	67,500	41,500	26,000	61	23	2,913
이매동	이매촌(삼환)	103.91/84.93	96,000	60,000	36,000	63	31	3,054
이매동	이매촌(삼환)	121.7/101.9	100,000	64,000	36,000	64	37	2,716
이매동	이매촌(삼환)	138.73/116.82	102,000	66,500	35,500	65	42	2,431
이매동	이매촌(삼환)	154.37/132.37	105,000	72,500	32,500	69	47	2,249
이매동	이매촌(성지)	102.99/84.9	107,500	54,500	53,000	51	31	3,451
이매동	이매촌(성지)	124.26/101.91	124,000	63,500	60,500	51	38	3,299
이매동	이매촌(진흥)	75.16/59.58	84,250	44,000	40,250	52	23	3,706
이매동	이매촌(진흥)	102.32/84.63	100,500	60,000	40,500	60	31	3,247
이매동	이매촌(진흥)	122.45/101.89	109,000	65,000	44,000	60	37	2,943
이매동	이매촌(진흥)	156.08/134.91	125,000	78,000	47,000	62	47	2,648

주요 학군 지역 아파트 시세

통	아파트명	공급면적/전용면적	매매_일반	전세_상위	실제투자금	전세가율	평형계산	평당가
이매동	이매촌(청구)	80.13/59.92	78,000	41,000	37,000	53	24	3,218
이매동	이매촌(청구)	106.76/84.99	105,000	54,000	51,000	51	32	3,251
이매동	이매촌(청구)	110.54/92.53	92,500	51,000	41,500	55	33	2,766
이매동	이매촌(청구)	121.72/101.89	110,000	63,500	46,500	58	37	2,987
이매동	이매촌(청구)	142.72/122.27	116,000	63,500	52,500	55	43	2,687
이매동	이매촌(청구)	155.42/133.15	137,500	66,500	71,000	48	47	2,925
이매동	이매촌(청구)	221.75/194.98	149,000	75,000	74,000	50	67	2,221
이매동	이매촌(한신)	67.44/50.1	66,000	34,000	32,000	52	20	3,235
이매동	이매촌(한신)	84.77/66.27	85,000	47,500	37,500	56	26	3,315
이매동	이매촌(한신)	104.77/84.9	95,000	52,500	42,500	55	32	2,998
이매동	이매촌동신(3차)	75.73/59.5	71,500	43,500	28,000	61	23	3,121
이매동	이매촌동신(3차)	106.11/84.6	90,000	53,000	37,000	59	32	2,804
이매동	이매촌동신(3차)	124.14/101.79	96,000	60,000	36,000	63	38	2,556
이매동	이매촌동신(3차)	140.33/117.12	113,500	63,500	50,000	56	42	2,674
이매동	이매촌동신(3차)	195.44/167.91	121,000	67,500	53,500	56	59	2,047
이매동	이매촌동신(9차)	77.04/59.49	73,500	43,500	30,000	59	23	3,154
이매동	이매촌동신(9차)	103.76/84.6	99,000	62,000	37,000	63	31	3,154
이매동	이매촌동신(9차)	124.18/101.79	113,500	68,500	45,000	60	38	3,021
이매동	이매촌동신(9차)	140.75/117.12	122,500	73,000	49,500	60	43	2,877
이매동	이매촌동신(9차)	160.17/134.88	130,500	80,000	50,500	61	48	2,693
이매동	이매촌삼성	74.3/59.53	68,000	42,000	26,000	62	22	3,025
이매동	이매촌삼성	91.23/73.25	86,000	54,500	31,500	63	28	3,116
이매동	이매촌삼성	106.05/84.94	99,000	61,500	37,500	62	32	3,086
이매동	이매촌삼성	124.54/101.91	103,750	67,500	36,250	65	38	2,754
이매동	이매촌삼성	153.23/127.83	109,500	72,500	37,000	66	46	2,362
이매동	이매촌삼성	201.91/174.67	128,500	78,500	50,000	61	61	2,104
정자동	느티마을공무원(3단지)	84.55/58.71	85,500	26,500	59,000	31	26	3,343
정자동	느티마을공무원(3단지)	90.93/67.43	93,000	32,000	61,000	34	28	3,381
정자동	느티마을공무원(3단지)	95.77/67.43	93,000	32,000	61,000	34	29	3,210
정자동	느티마을공무원(4단지)	80.13/58.19	73,500	26,500	47,000	36	24	3,032
정자동	느티마을공무원(4단지)	84.55/58.71	88,000	28,500	59,500	32	26	3,441

동	아파트명	공급면적/전용면적	매매_일반	전세_상위	실제투자금	전세가율	평형계산	평당가
정자동	느티마을공무원(4단지)	94.59/66.6	93,500	31,000	62,500	33	29	3,268
정자동	느티마을공무원(4단지)	95.77/67.43	94,500	31,000	63,500	33	29	3,262
정자동	상록마을(라이프)	66.38/49.14	66,000	35,000	31,000	53	20	3,287
정자동	상록마을(라이프)	91.61/71.61	86,000	50,000	36,000	58	28	3,103
정자동	상록마을(라이프)	105.26/84.78	103,000	62,500	40,500	61	32	3,235
정자동	상록마을(라이프)	123.79/101.76	108,500	67,500	41,000	62	37	2,897
정자동	상록마을(라이프)	152.47/128.7	118,500	72,500	46,000	61	46	2,569
정자동	상록마을(라이프)	187.43/159.26	125,000	75,500	49,500	60	57	2,205
정자동	상록마을(우성)	77.05/55.14	81,500	40,500	41,000	50	23	3,497
정자동	상록마을(우성)	86.51/69.12	102,500	53,500	49,000	52	26	3,917
정자동	상록마을(우성)	103.54/84.97	110,000	62,500	47,500	57	31	3,512
정자동	상록마을(우성)	122.71/101.98	120,000	65,000	55,000	54	37	3,233
정자동	상록마을(우성)	153.81/129.72	132,500	74,000	58,500	56	47	2,848
정자동	상록마을(우성)	188.47/162.57	141,500	81,500	60,000	58	57	2,482
정자동	상록마을(임광,보성)	65.87/48.84	60,000	31,500	28,500	53	20	3,011
정자동	상록마을(임광,보성)	86.01/67.43	83,500	45,500	38,000	54	26	3,209
정자동	상록마을(임광,보성)	106.03/84.97	96,000	53,500	42,500	56	32	2,993
정자동	정든마을(동아)	64.69/48.84	50,000	28,500	21,500	57	20	2,555
정자동	정든마을(동아)	88.33/69.05	74,000	42,000	32,000	57	27	2,769
정자동	정든마을(동아)	104.22/84.97	80,500	49,500	31,000	61	32	2,553
정자동	정든마을(동아)	122.3/101.99	85,000	53,500	31,500	63	37	2,298
정자동	정든마을(동아)	146.16/124.26	89,000	56,000	33,000	63	44	2,013
정자동	정든마을(동아)	185.12/154.89	94,000	60,000	34,000	64	56	1,679
정자동	정든마을(동아)	195.04/164.77	98,000	62,000	36,000	63	59	1,661
정자동	정든마을(신화)	70.42/52.44	62,500	36,000	26,500	58	21	2,934
정자동	정든마을(신화)	91.41/69.93	77,500	51,500	26,000	66	28	2,803
정자동	정든마을(신화)	107.66/84.93	89,500	60,000	29,500	67	33	2,748
정자동	정든마을(신화)	126.18/101.82	96,500	62,500	34,000	65	38	2,528
정자동	정든마을(신화)	141.54/115.77	100,000	66,000	34,000	66	43	2,336
정자동	정든마을(신화)	161.69/134.31	103,500	69,000	34,500	67	49	2,116
정자동	정든마을(신화)	194.29/163.55	105,000	70,000	35,000	67	59	1,787

주요 학군 지역 아파트 시세

동	아파트명	공급면적/전용면적	매매_일반	전세_상위	실제투자금	전세가율	평형계산	평당가
정자동	정든마을(우성)	64.69/48.84	51,250	28,500	22,750	56	20	2,619
정자동	정든마을(우성)	88.33/69.05	71,250	43,500	27,750	61	27	2,667
정자동	정든마을(우성)	104.22/84.97	83,500	55,500	28,000	66	32	2,649
정자동	정든마을(우성)	123.14/101.98	91,500	60,000	31,500	66	37	2,456
정자동	정든마을(우성)	156.68/129.72	95,000	64,500	30,500	68	47	2,004
정자동	정든마을(우성)	191.64/162.57	104,500	66,500	38,000	64	58	1,803
정자동	정든마을(한진6단지)	121.35/99.6	99,500	64,000	35,500	64	37	2,711
정자동	정든마을(한진6단지)	135.17/112.2	110,000	69,000	41,000	63	41	2,690
정자동	정든마을(한진6단지)	156.8/134.97	116,000	70,500	45,500	61	47	2,446
정자동	정든마을(한진6단지)	197.24/162.36	119,500	73,500	46,000	62	60	2,003
정자동	정든마을(한진7단지)	66.91/49.5	59,000	35,500	23,500	60	20	2,915
정자동	정든마을(한진7단지)	88.19/68.04	83,500	50,500	33,000	60	27	3,130
정자동	정든마을(한진7단지)	106.68/84.69	94,500	60,000	34,500	63	32	2,928
정자동	정든마을(한진8단지)	67.74/49.5	60,000	37,000	23,000	62	20	2,928
정자동	정든마을(한진8단지)	88.45/68.04	80,000	48,500	31,500	61	27	2,990
정자동	정든마을(한진8단지)	105.38/84.69	87,000	60,000	27,000	69	32	2,729
정자동	정든마을(한진8단지)	120.54/99.6	98,000	65,000	33,000	66	36	2,688
정자동	정든마을(한진8단지)	133.54/112.2	104,000	62,500	41,500	60	40	2,575
정자동	정든마을(한진8단지)	158.63/134.97	109,000	68,000	41,000	62	48	2,272
정자동	정든마을(한진8단지)	193.84/162.36	112,000	72,000	40,000	64	59	1,910
정자동	한솔마을(4단지)	50.04/35.28	42,000	18,750	23,250	45	15	2,775
정자동	한솔마을(4단지)	57.53/41.85	47,250	20,250	27,000	43	17	2,715
정자동	한솔마을(4단지)	61.84/42.75	49,500	21,500	28,000	43	19	2,646
정자동	한솔마을(6단지)	53.15/37.67	48,500	22,000	26,500	45	16	3,017
정자동	한솔마을(6단지)	57.9/39.87	52,000	23,500	28,500	45	18	2,969
정자동	한솔마을(6단지)	80.13/58.19	70,500	34,500	36,000	49	24	2,908
정자동	한솔마을(6단지)	83.99/58.71	72,000	35,000	37,000	49	25	2,834
정자동	한솔마을(LG)	124.38/101.85	89,000	58,500	30,500	66	38	2,365
정자동	한솔마을(LG)	160.91/134.94	96,500	61,500	35,000	64	49	1,983
정자동	한솔마을(LG)	193.27/164.99	110,000	66,500	43,500	60	58	1,881
정자동	한솔마을주공(5단지)	57.4/41.85	50,000	16,500	33,500	33	17	2,880

동	아파트명	공급면적/전용면적	매매_일반	전세_상위	실제투자금	전세가율	평형계산	평당가
정자동	한솔마을주공(5단지)	60.27/41.85	50,000	16,500	33,500	33	18	2,742
정자동	한솔마을주공(5단지)	61.79/42.75	51,000	16,500	34,500	32	19	2,729
정자동	한솔마을주공(5단지)	74.39/51.66	61,000	22,500	38,500	37	23	2,711
정자동	한솔마을주공(5단지)	100.1/74.16	76,000	28,000	48,000	37	30	2,510
정자동	한솔마을(청구)	64.18/49.35	55,500	28,500	27,000	51	19	2,859
정자동	한솔마을(청구)	106.06/84.96	87,500	51,000	36,500	58	32	2,727
정자동	한솔마을(청구)	122.73/101.99	94,000	58,500	35,500	62	37	2,532
정자동	한솔마을(청구)	159.95/134.95	110,000	65,000	45,000	59	48	2,273
정자동	한솔마을(한일)	77.84/59.96	77,500	46,000	31,500	59	24	3,291
정자동	한솔마을(한일)	108.18/84.92	93,500	60,000	33,500	64	33	2,857
정자동	한솔마을(한일)	126.44/101.95	101,500	69,000	32,500	68	38	2,654
정자동	한솔마을(한일)	157.35/130.51	113,500	72,500	41,000	64	48	2,385

◆ 서울시 광진구 광남 학군

동	아파트명	공급면적/전용면적	매매_일반	전세_상위	실제투자금	전세가율	평형계산	평당가
광장동	광장11차현대홈타운	109.51/84.94	149,000	93,000	56,000	62	33	4,498
광장동	광장12차현대홈타운	180.11/143.86	155,000	100,000	55,000	65	54	2,845
광장동	광장12차현대홈타운	185.57/147.23	160,000	105,000	55,000	66	56	2,850
광장동	광장극동(2차)	92.66/75.55	109,750	45,500	64,250	41	28	3,915
광장동	광장극동(2차)	104.15/84.55	123,250	50,500	72,750	41	32	3,912
광장동	광장극동(2차)	120.96/102.61	133,750	58,500	75,250	44	37	3,655
광장동	광장극동(2차)	149.64/126.94	155,000	67,000	88,000	43	45	3,424
광장동	광장극동(2차)	179.36/156.91	172,500	72,500	100,000	42	54	3,179
광장동	광장동금호베스트빌	81.14/59.93	80,500	55,000	25,500	68	25	3,280
광장동	광장동금호베스트빌	108.34/84.91	102,000	67,000	35,000	66	33	3,112
광장동	광장동신동아파밀리에	107.02/84.92	108,500	68,500	40,000	63	32	3,352
광장동	광장자이	157.52/125.89	152,000	112,000	40,000	74	48	3,190
광장동	광장자이	198.55/158.26	171,500	121,500	50,000	71	60	2,855
광장동	광장현대(5단지)	73.68/59.67	102,000	44,000	58,000	43	22	4,576
광장동	광장현대(5단지)	92.46/74.88	117,500	53,500	64,000	46	28	4,201

주요 학군 지역 아파트 시세

동	아파트명	공급면적/전용면적	매매_일반	전세_상위	실제투자금	전세가율	평형계산	평당가
광장동	광장현대(5단지)	104.99/84.56	135,000	65,500	69,500	49	32	4,251
광장동	광장현대3단지	73.22/59.67	95,000	45,000	50,000	47	22	4,289
광장동	광장현대3단지	91.94/74.92	112,000	55,000	57,000	49	28	4,027
광장동	광장현대3단지	106.3/84.97	128,000	66,500	61,500	52	32	3,981
광장동	광장현대파크빌(10차)	75.12C/59.55	105,000	55,500	49,500	53	23	4,621
광장동	광장현대파크빌(10차)	75.51A/59.76	97,500	54,500	43,000	56	23	4,268
광장동	광장현대파크빌(10차)	99.52/84.81	132,500	76,500	56,000	58	30	4,401
광장동	광장힐스테이트	82.75/59.99	128,000	75,000	53,000	59	25	5,113
광장동	광장힐스테이트	115.03/84.96	163,000	99,000	64,000	61	35	4,684
광장동	광장힐스테이트	157.45/130.17	173,000	109,000	64,000	63	48	3,632
광장동	광장힐스테이트	161.33/131.96	188,000	115,000	73,000	61	49	3,852
광장동	극동광장(1차)	103.63/84.55	124,500	50,500	74,000	41	31	3,972
광장동	극동광장(1차)	148.45/126.94	158,000	66,500	91,500	42	45	3,518
광장동	극동광장(1차)	179.12/156.92	172,500	72,500	100,000	42	54	3,184
광장동	삼성(2차)	79.48/58.62	77,000	37,000	40,000	48	24	3,203
광장동	삼성(2차)	91.4/69.06	85,000	43,500	41,500	51	28	3,074
광장동	삼성(2차)	103.03/84.66	106,500	51,500	55,000	48	31	3,417
광장동	삼성(2차)	105.04/84.93	106,500	51,500	55,000	48	32	3,352
광장동	삼성광장(1차)	89.88/66.03	90,500	44,000	46,500	49	27	3,329
광장동	삼성광장(1차)	108.25/79.53	117,500	54,000	63,500	46	33	3,588
광장동	워커힐	185.12/162.41	174,000	77,500	96,500	45	56	3,107
광장동	워커힐	188.43/166.91	178,500	77,500	101,000	43	57	3,132
광장동	워커힐	221.49/196	205,000	80,000	125,000	39	67	3,060
광장동	워커힐	254.55/226.45	212,500	82,500	130,000	39	77	2,760
광장동	워커힐푸르지오	89.25탑층/65.63	81,000	55,000	26,000	68	27	3,000
광장동	워커힐푸르지오	91.39/65.63	78,500	48,500	30,000	62	28	2,840
광장동	워커힐푸르지오	95.86탑층/69	83,500	55,000	28,500	66	29	2,880
광장동	워커힐푸르지오	96.98/69	80,000	48,500	31,500	61	29	2,727
광장동	워커힐푸르지오	118.91/92.4	96,500	61,000	35,500	63	36	2,683
광장동	워커힐푸르지오	119.59탑층/92.4	105,000	67,000	38,000	64	36	2,902
광장동	청구	91.7/59.95	85,500	45,000	40,500	53	28	3,082

동	아파트명	공급면적/전용면적	매매_일반	전세_상위	실제투자금	전세가율	평형계산	평당가
광장동	청구	109.1/84.86	107,500	67,500	40,000	63	33	3,257
광장동	현대(광장8단지)	95.86/59.94	83,500	45,500	38,000	54	29	2,880
광장동	현대(광장8단지)	112.39/84.92	116,000	72,500	43,500	63	34	3,412
광장동	현대(광장8단지)	112.39/84.95	110,500	69,500	41,000	63	34	3,250
광장동	현대(광장9단지)	81.15/59.97	95,000	55,000	40,000	58	25	3,870
광장동	현대(광장9단지)	108.95/84.96	120,000	69,000	51,000	58	33	3,641
구의동	구의7단지조합현대	93.64/59.97	76,000	41,500	34,500	55	28	2,683
구의동	구의7단지조합현대	118.94/84.99	93,500	50,000	43,500	53	36	2,599
구의동	구의동강변우성	98.48/84.76	99,000	50,000	49,000	51	30	3,323
구의동	구의동새한	79.24/59.88	65,000	39,000	26,000	60	24	2,712
구의동	구의동새한	112.84/84.91	82,000	55,000	27,000	67	34	2,402
구의동	구의현대2단지	104.75/84.91	126,500	61,000	65,500	48	32	3,992
구의동	구의현대2단지	107.59T1/84.75	119,000	60,500	58,500	51	33	3,656
구의동	구의현대2단지	107.75T2/84.88	119,000	60,500	58,500	51	33	3,651
구의동	현대프라임	81.84/59.82	91,000	45,000	46,000	49	25	3,676
구의동	현대프라임	85.67/59.82	91,000	45,000	46,000	49	26	3,511
구의동	현대프라임	104.38/84.99	132,500	62,500	70,000	47	32	4,196
구의동	현대프라임	153.73/126.66	150,000	86,000	64,000	57	47	3,226
구의동	현대프라임	220.03/183.87	167,500	91,000	76,500	54	67	2,517

주요 학군 지역 아파트 시세

에필로그

2019년 말 대한민국 부동산은 그야말로 한 치 앞을 내다볼 수 없는 격동의 시기였습니다. 시장의 흐름에 밀리지 않겠다는 정부의 강한 의지가 담긴 부동산 규제책 발표와 예고되는 후속 대책들, 하지만 정부의 의지와는 무관하게 지속해서 상승하는 부동산 시장….

어찌 보면, 땅과 부동산을 통해 부를 이룰 수 있다는 우리들의 생각은 역사의 DNA 속에 각인된 것일지도 모릅니다. 우리 민족이 가지고 있는 땅에 대한 믿음은 그 기나긴 세월 동안 한 번도 배신당한 적이 없습니다. 신라, 고려, 조선, 대한민국 등 여러 나라가 쓰러지고 새롭게 세워지는 과정에서 지배층의 얼굴은 바뀌었지만, 소수에 불과한 지배층이 다수의 일반 백성들을 지배할 수 있었던 힘의 원천은 바로 땅이었습니다. 유목민족과는 달리, 정주민족은 자기 소유의 땅에 대한 혹은 부동산에 대한 집념이 무의식 속에 깊게 자리하고 있습니다.

대한민국이 산업사회로 변화하면서 땅과 부동산에 대한 집념이 어느 정도 사라졌는가 싶었습니다. 하지만, 겉으로 보이는 모습과는 달리 서울과 수도권의 아파트로 대표되는 부동산은 신분이 사라진 이 시대의 부와 성공의 새로운 가치 척도이자 투자자들을 실망시키지 않는 안전한 투자 자산이 되었습니다. 유한재 혹은 공공재의 성격을 띠고 있는 부동산이 과연 투자상품이 될 수 있느냐 없느냐를 논하기에는 이미 부동산 투자를 통해 부와 성공을 이룬 표본 사례가 너무나 많습니다.

자본주의 체제 경쟁 논리의 기본 중 하나인 수요와 공급의 법칙을 무시하는 변수들이 부동산 시장에는 많습니다. 정책과 개발, 그리고 사회간접자본의 건설과 확충을 통해 과거의 쓸모없는 땅이 하루아침에 평당 수억을 호가하는 노른자위 부동산이 되는 경우를 많이 보았습니다. 또한, 이러한 정보의 비대칭과 불균형을 이용해 부동산으로 부를 창출한 사람들의 이야기가 마치 현대판 영웅신화처럼 사람들의 입에서 입으로 전해졌습니다.

이에 저희 한국경제TV는 정보의 민주화와 대중화를 통해 일반 사회구성원에게 부동산에 대한 다양한 정보를 제공하고, 더욱 정확한 투자 내비게이터가 되고자 그동안 많은 노력을 기울여 왔습니다.

2020년 아파트로 대표되는 부동산의 불안정한 가격변동과 전망이 불투명한 현 상황에서 부동산 실수요자와 투자자들의 불안감을 해소하기 위해 그동안 TV에서만 보아왔던 전문가들과 직접 얼굴을 마주하고 올해의 다양한 부동산 관련 현안과 궁금증을 이야기 나눌 수 있도록 강연회 자리를 마련했습니다.

부동산 관련 다양한 이야기와 전망, 수시로 바뀌는 부동산 관련 세법에 대한 올바른 이해와 활용 방법 등이 주된 내용이었습니다. 한국경제TV에서 활발하게 활동하고 계시는 다양한 전문가 분들의 깊이 있고 입체적인 분석과 전망을 들을 수 있었습니다. 본 강의 내용을 정리하여 이렇게 책으로 또 한 번 소통할 수 있다는 점이 본 프로그램의 기획자로서 무척 행운이라고 생각합니다.

먼저 한정훈 소장은 부동산 실전 투자 경력이 30여 년에 달하고, 수많은 기고와 상담을 진행하며 부동산 실전 투자 전문가로 활동 중입니다. 과거부터 지금까지 부동산 투자의 성공과 실패를 좌우하는 다양한 정책 변수와 개발정책, 부동산 수요 공급의 핵심을 분석하고, 과연 2020년의 부동산 시장을 투자자의 관점에서 어떻게 바라봐야 하는지, 각종 부동산 정책이 실제 시장에서는 어떠한 영향을 미치는지를 알기 쉽게 설명해 주었습니다.

월천대사 이주현 대표는 학군과 부동산의 상관관계, 그리고 향후 서울 및 수도권의 지속적인 이슈가 될 재건축 시장에 대해 이야기했습니다. 대한민국 부동산, 특히 아파트 가격이 상승하는 지역은 학군과 밀접한 관계가 있습니다. 소위 학세권이라 불리는 강남의 대치동, 양천의 목동 등 대표적인 학군 지역의 부동산 시장이 이번 정부의 특목고 폐지 정책과 맞물려 어떻게 흘러갈지와 지금은 주춤하고 있지만 새로움과 개발이라는 두 개의 추진력을 가지고 있는 재건축 시장을 전망했습니다.

그리고 수익형 빌딩 매매를 전문적으로 중개해 온 오동협 대표에게 빌딩 투자에 대해서 들을 수 있었습니다. 빌딩 투자는 그 가격의 크기만큼이나 멀게 느껴지기 마련입니다. 빌딩은 내가 일하는 곳이지, 내 것이 될 수 있다는 생각은 쉽게 하지 못합니다. 하지만 저금리 시대라는 새로운 상황에 놓이면서 꼬마빌딩이라 통칭하는

다소 작은 규모의 빌딩에 대한 개인 투자자들의 관심이 높아졌습니다. '조물주 위의 건물주'라는 조금은 웃기고도 슬픈, 신조어가 반영하듯 우리는 지금 새로운 부동산 투자 상품을 접하고 흥분하고 있지만, 투자의 기준을 잡지 못해 우왕좌왕하고 있습니다. 20년 이상 빌딩 전문 실전 매매를 하며 경험을 쌓은 오동협 대표가 전하는 노하우들은 투자자에게 커다란 자양분이 될 것입니다.

마지막으로 매번 새롭게 바뀌는 부동산 관련 세법에 대해 윤나겸 세무사가 설명해 주었습니다. 모든 국가는 국내에서 이루어지는 경제활동에 대하여 세금을 부과합니다. 부동산 거래는 제법 큰 규모의 거래이기에 그 과정에서 다양하고 큰 금액의 세금이 발생합니다. 이러한 다양한 세금의 부과 사례와 부동산 거래 시 세금을 절약할 방법에 대해 알아볼 수 있는 시간이었습니다.

많은 노력을 했지만 지나고 보니 그때 보이지 않았던 것들이 하나둘 눈에 걸리면서 점점 부끄럽습니다. 다시 시간을 되돌린다면 더 잘 할 수 있지 않았을까 하는 후회도 듭니다. 하지만 마무리하는 시점에서 '진인사대천명(盡人事待天命)'이라는 글귀를 다시 한번 가슴에 새겨봅니다. 열심히 했고, 그 평가는 독자분들께 맡기겠습니다. 그냥 흘러 지나갈 뻔한 이야기들을 발견하여 책으로 엮어 출판을 결심해주신 출판사 여러분께도 감사 말씀드립니다.

시장을 읽는 부동산 투자

앞으로도 투자 정보의 대중화와 균등한 기회가 주어지는 시장을 위해, 한번 넘어지더라도 다시 일어나 재기할 수 있는 희망을 이야기하는 그런 방송을 만들도록 하겠습니다.

감사합니다.

2020년 4월
한국경제TV 편성부장 **김창원**

한국경제TV 시장을 읽는 부동산 투자

초판 1쇄 인쇄 2020년 4월 27일
초판 1쇄 발행 2020년 5월 4일

엮 은 이 한국경제TV 부동산부
지 은 이 한정훈, 오동협, 이주현, 윤나겸
펴 낸 이 권기대
펴 낸 곳 베가북스
총괄이사 배혜진
편   집 신기철, 박석현, 임용섭
디 자 인 박숙희
마 케 팅 황명석, 연병선
경영지원 지현주

출판등록 2004년 9월 22일 제2015-000046호
주   소 (07269) 서울특별시 영등포구 양산로3길 9, 201호
주문 및 문의 (02)322-7241 팩스 (02)322-7242

ISBN 979-11-90242-39-4 13320

※ 책값은 뒤표지에 있습니다.
※ 좋은 책을 만드는 것은 바로 독자 여러분입니다.
   베가북스는 독자 의견에 항상 귀를 기울입니다.
   베가북스의 문은 항상 열려 있습니다.
   원고 투고 또는 문의사항은 vega7241@naver.com으로
   보내주시기 바랍니다.

홈페이지 www.vegabooks.co.kr
블로그 http://blog.naver.com/vegabooks
인스타그램 @vegabooks   트위터 @VegaBooksCo   이메일 vegabooks@naver.com